普通院校金融理财系列教材
金融理财师（AFP）资格认证培训教材

FINANCIAL PLANNING
金融理财规划

王庆仁·主　编
年四伍·副主编

复旦大学出版社

图书在版编目(CIP)数据

金融理财规划/王庆仁主编,年四伍副主编. —上海:复旦大学出版社,
2010.7(2020.10 重印)
(普通院校金融理财系列教材)
ISBN 978-7-309-07330-0

Ⅰ. 金⋯　Ⅱ. ①王⋯②年⋯　Ⅲ. 投资-高等学校-教材　Ⅳ. F830.59

中国版本图书馆 CIP 数据核字(2010)第 102019 号

金融理财规划
王庆仁　主编　年四伍　副主编
责任编辑/王联合　岑品杰

复旦大学出版社有限公司出版发行
上海市国权路 579 号　邮编:200433
网址:fupnet@fudanpress.com　http://www.fudanpress.com
门市零售:86-21-65102580　团体订购:86-21-65104505
外埠邮购:86-21-65642846　出版部电话:86-21-65642845
上海华业装潢印刷厂有限公司

开本 787×1092　1/16　印张 10.75　字数 229 千
2020 年 10 月第 1 版第 6 次印刷
印数 11 001—12 100

ISBN 978-7-309-07330-0/F·1602
定价:20.00 元

如有印装质量问题,请向复旦大学出版社有限公司出版部调换。
版权所有　侵权必究

总　序

随着我国经济的快速发展,居民个人财富日益增长,中等收入的居民和家庭数量不断增加。在满足基本生活之后,如何安排子女教育、住房、社会医疗和退休保障,加强家庭风险管理等,是摆在人们面前的一系列现实问题。近几年,金融市场的迅猛发展,呈现出金融产品多样化、投资决策复杂化、家庭理财综合化的特点。人们的理财意识不断增强,依靠专业人士对家庭进行综合理财筹划的需求也日益高涨。

2004年9月,中国金融教育发展基金会金融理财标准委员会成立,并加入国际金融理财标准委员会(FPSB),获得授权在大陆独家开展国际金融理财的黄金标准——CFP(是Certified Financial Planner的首字母缩写,意为国际金融理财师)资格认证工作,积极推广CFP资格认证培训。

CFP资格认证培训结合中国本土特点,秉承注重专业、侧重实务的原则,专注于为国内私人银行、财富管理、金融理财、零售银行等的专业人士进行金融培训,赢得了国内主流金融机构的高度认可及海内外业界人士的广泛赞誉。国内各大银行、保险公司、证券公司、基金公司等机构积极开展CFP资格认证培训,加大理财师队伍培养和建设。

国外金融理财业的迅速发展引起了教育界的关注,金融理财已经成为一门新兴的学科。在美国,多所高等教育机构培养了金融理财研究生,又有几所大学设立了金融理财博士学位。但在国内高校金融学科教学科研中,对金融理财方面的研究还不够。

2006年,上海金融学院获中国金融教育发展基金会金融理财标准委员会授权,开始进行金融理财师的培训。该院依托学校金融学科的综合优势,在金融理财方面的教学实践过程中,已经初步形成以培养应用型人才为目标的金融理财教学特色,为金融理财学科建设奠定了基础。

上海金融学院在上海市教委的大力支持下,获得了市教委高水平特色项理财中心。该项目建设任务之一是,要在金融学专业下新设金融理财方向。围绕这个新型专业方向的设立,需要建立相应的课程体系。学院在总结以往教材建设的基础上,结合应用型本科教育的经验,借鉴国内外的先进理念和做法,组织了长期在教学一线的教师,经过反复研究、讨论,推出了这套具有金融理财特色的系列教材,包括《金融理财学》、《税务筹划》、《保险理财学》、《金融理财分析与技巧》、《金融投资实务》和《金融理财规划》。

这套教材作为"金融理财中心"建设的标志性成果,具有鲜明的特点。一是超前性。吸收了西方发达国家金融理财的理论和方法,对我国的理财实践具有一定的借鉴意义。二是创新性。教材的理论结构和内容体系思路新颖,体例独特。三是应用性。充分体现了应用型本科教学和金融理财专业方向特色,将基础知识、专业理论和理财实践融为一体,注重基础与专业的结合、理论与实践的结合,培养学生的专业技能和综合素质。

金融理财这个新型专业方向在上海金融学院的创建,丰富了该学院金融学的学科体系,有力推动了金融理财的教学和研究工作,有利于培养金融理财专业人才,满足日益增长的理财需求。

我们期待着这套教材早日出版。

蔡重直
2009 年 12 月

前　言

"金融理财规划"是上海金融学院高水平特色项目建设主干课程之一。理财规划伴随着人类文明的起源而不断发展，正是由于千百年来人类勤于而且善于理财，才促进了人类的不断进步和发展。2008年在西方国家爆发而席卷全球范围的金融海啸，令西方国家几乎难以挽救，主要原因之一在于西方国家长期形成的透支消费习惯，没有对自己的财富进行合理规划，这使得金融理财规划成为家庭极重要的工作；另一方面，随着中国家庭财富的积累，人们对生活幸福指数的要求越来越高，对金融理财规划提出了强烈的需求。随着金融技术的进步，人们进行金融理财的工具和手段也日益多样化和科学化。本书定位主要是教学型，有一定的理论深度，但强调实验教学并突出务实的特点。

基于上述认识，我们将教材分为三大部分。第一部分（第1—2章）主要介绍金融理财规划所涉及的基础知识与基础理论，这部分内容在基础配套教材中有专门介绍，本书只作概要介绍，以保持整个教材的完整性与独立性；第二部分（第3—6章）系统介绍金融理财规划的工作流程、技术与工具，以及金融理财规划的动态平衡与评估方法；第三部分（第7章）为典型案例分析。这三个部分形成一个有机的整体。

在本书编写过程中，我们力求体现如下特色：

（1）强调理论与务实高度融合，对内容的讲解力求以基本案例为出发点，务必生动与通俗易懂。

（2）淡化一般理财工具，突出金融工具的运用。

本书由王庆仁担任主编，提出写作思路与写作提纲，并负责全书的主要文字工作和总纂。副主编年四伍协助主编作了一些具体工作。西南财经大学博士研究生申宇、向杨和四川大学讲师邹瑾博士为本书作了大量的资料搜集工作。本书最后一章的案例引用了2009年"中信杯"上海市大学生理财规划大赛获奖作品，在此表示衷心感谢。

本书在写作过程中，借鉴和参考了大量其他前辈和同仁的成果，在此向他们表示崇高的敬意和诚挚的谢意。

本书得以完成并顺利出版,离不开上海金融学院有关领导和教师的关心和指导,特别感谢上海金融学院副校长贺瑛教授、上海金融学院继续教育学院院长单惟婷教授、国际金融学院党委书记马欣教授以及艾正嘉教授、章劼老师、曹磊老师的点拨和斧正。

同时,还要特别感谢复旦大学出版社王联合、岑品杰等老师及其他同志,他们提供的无私帮助和付出的努力使本书增色不少。

在本书写作过程中,恰逢美国金融海啸席卷全球,连 AIG 这样的国际巨头也濒临破产,这充分显示出金融理财的重要性。恰于此时,本书得以出版,期望对正在致力进行国际金融中心建设的中国,在家庭理财方面有所裨益,那将是本书作者最大的欣慰。

"汉之广矣,不可泳思;江之永矣,不可方思。"学术无涯,而作者智慧有限,功崇惟志,业广惟勤。兵法有云:"智者之虑,必杂于利害。杂于利,而务可信也;杂于害,而患可解也。"针对书中不尽之处,敬请前辈和同仁指正。本书的不足之处,概由作者承担。

作者
2010 年 6 月

目　　录

第一章　金融理财规划概述 ··· 1

  第一节　概述 ··· 1

    一、背景 ·· 1

    二、概念界定 ··· 2

    三、理财目标及目标设定 ·· 4

  第二节　金融理财规划的资产选择 ·· 5

    一、固定收益类证券 ·· 5

    二、股票资产 ··· 6

    三、基金类资产 ·· 7

    四、金融衍生工具 ··· 8

  第三节　金融理财规划的指导原则 ·· 9

    一、经济效益原则 ··· 9

    二、量入为出原则 ··· 9

    三、科学管理原则 ··· 9

    四、利益协调原则 ·· 10

    五、全面并重原则 ·· 10

  本章小结 ··· 10

第二章　金融理财规划的理论基础 ·· 11

  第一节　有效市场理论 ·· 11

    一、有效市场理论的产生 ·· 11

    二、有效市场理论的主要内容 ·· 12

三、有效市场的分类 ··· 12
　　四、有效市场理论的检验 ··· 13
　　五、对有效市场理论的评论 ··· 14
第二节　投资者行为理论 ·· 15
　　一、个人投资者的非理性行为 ·· 16
　　二、金融心理学的解释 ··· 17
第三节　现代投资组合理论 ·· 19
　　一、基本理论假设 ·· 20
　　二、证券组合及其风险分散 ·· 20
　　三、投资组合理论的主要内容 ·· 22
　　四、资本资产定价理论 ··· 23
第四节　风险和收益的关系 ·· 25
　　一、风险及风险的度量 ··· 25
　　二、收益及收益的度量 ··· 29
　　三、风险和收益的关系 ··· 31
本章小结 ··· 32

第三章　金融理财规划的工作流程 ······································· 33
第一节　财富约束与理财需求分析 ·· 33
　　一、影响理财决策的因素 ··· 33
　　二、财富约束和理财需求分析 ·· 34
第二节　投资理财环境分析 ·· 36
　　一、宏观经济环境分析 ··· 37
　　二、宏观经济政策对金融市场的影响 ···································· 40
　　三、金融市场环境分析 ··· 44
　　四、财务指标分析 ·· 45
　　五、社会环境分析 ·· 47
第三节　金融理财规划中的资产配置 ·· 48

一、资产配置的风格 …………………………………………………… 49
　　二、资产配置的策略 …………………………………………………… 50
　　三、资产配置的投入 …………………………………………………… 53
第四节　主要的资产配置方法 ……………………………………………… 55
　　一、动态资产配置方法 ………………………………………………… 55
　　二、其他资产配置方法 ………………………………………………… 57
本章小结 ……………………………………………………………………… 59

第四章　金融理财规划的技术与工具 …………………………………………… 60
　第一节　概述 ………………………………………………………………… 60
　第二节　了解客户基本信息 ………………………………………………… 62
　　一、需要了解的基本信息 ……………………………………………… 62
　　二、常用的工具 ………………………………………………………… 64
　第三节　构建共同投资理念 ………………………………………………… 71
　　一、共同投资理念的重要性 …………………………………………… 71
　　二、投资理念矩阵 ……………………………………………………… 71
　第四节　开展资产配置 ……………………………………………………… 73
　　一、可供选择资产类型 ………………………………………………… 73
　　二、资产配置树形图 …………………………………………………… 73
　　三、资产配置矩阵 ……………………………………………………… 74
　第五节　制定投资策略报告 ………………………………………………… 76
　　一、投资策略报告的作用 ……………………………………………… 76
　　二、投资策略报告的基本要素 ………………………………………… 76
　　三、投资策略报告(说明书)范例 ……………………………………… 77
　本章小结 …………………………………………………………………… 82

第五章　金融理财规划方案的动态平衡 ………………………………………… 83
　第一节　动态平衡的原因与实施步骤 ……………………………………… 83

一、动态平衡的原因 ………………………………………………………… 83
　　二、动态平衡的实施步骤 …………………………………………………… 85
　　三、动态平衡的调整标准 …………………………………………………… 85
　第二节　动态平衡的范围与方法 ……………………………………………… 86
　　一、动态平衡的范围 ………………………………………………………… 86
　　二、动态平衡的方法 ………………………………………………………… 87
　　三、动态平衡的实施手段 …………………………………………………… 92
　第三节　动态平衡的简单评价 ………………………………………………… 93
　　一、动态平衡的优点 ………………………………………………………… 93
　　二、动态平衡的缺点 ………………………………………………………… 94
　本章小结 …………………………………………………………………………… 95

第六章　金融理财规划的方案评估 …………………………………………… 96
　第一节　金融理财风险评估 …………………………………………………… 96
　　一、我国金融资产风险 ……………………………………………………… 96
　　二、风险评估方法 …………………………………………………………… 101
　　三、资产类型的收益—风险特征 …………………………………………… 102
　第二节　资产收益率分析 ……………………………………………………… 108
　　一、美国长期资产收益简要分析 …………………………………………… 108
　　二、不同时期和不同资产类别的业绩分析 ………………………………… 110
　　三、投资工具的波动率 ……………………………………………………… 110
　第三节　风险调整业绩评估——以基金为例 ………………………………… 112
　　一、收益率与风险计算 ……………………………………………………… 112
　　二、单位风险收益率调整法 ………………………………………………… 114
　　三、差异收益率调整法 ……………………………………………………… 115
　　四、风险调整指标法 ………………………………………………………… 116
　　五、风险调整业绩评估方法比较 …………………………………………… 117
　本章小结 …………………………………………………………………………… 118

第七章　金融理财规划案例…………………………………………………119

第一节　青年家庭理财规划案例……………………………………119
一、财务现状和理财目标………………………………………119
二、财务指标分析和风险偏好评估……………………………121
三、理财规划方案设计…………………………………………123
四、理财方案评估与执行………………………………………127
五、理财方案监控和调整………………………………………129

第二节　高收入中年家庭理财规划案例……………………………129
一、客户基本信息分析…………………………………………129
二、理财目标设定和财务需求分析……………………………132
三、家庭理财规划建议…………………………………………133
四、理财规划方案评估…………………………………………137

第三节　老年退休家庭理财规划案例………………………………139
一、家庭基本状况………………………………………………139
二、经济环境和财务结构分析…………………………………141
三、理财目标设定………………………………………………143
四、理财规划方案设计…………………………………………146
五、方案评估与调整……………………………………………159

参考文献……………………………………………………………………161

第一章 金融理财规划概述

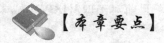【本章要点】

> 本章主要介绍金融理财规划的主要概念,分析金融理财规划的基本要素和相关原则,为学习金融理财规划作必要的铺垫。

第一节 概 述

一、背景

近年来,国内外对于理财规划的研究和关注越来越多。尤其是 2008 年爆发在西方国家的次贷危机形成全球范围内的金融海啸,几乎令西方主要国家难以挽救,主要原因之一在于西方国家长期形成的透支消费习惯,众多家庭和居民没有对财富进行合理规划,这从侧面凸显了金融理财规划的重要性。在我国,改革开放 30 多年来经济快速发展,随着财富的积累,居民对生活幸福指数的要求越来越高,也对金融理财规划提出了强烈的需求,尤其是对各类金融资产的需求越来越强烈。

古今中外,都存在着不少以家庭或者居民个人财富保值增值为目标的理财思想。在我国,司马迁所著的《史记》中,尤其是《货殖列传》就蕴涵着丰富的中国古代理财思想。进入现代社会,人类社会从农业经济走向工业时代,尤其是伴随着金融市场的蓬勃发展,各类金融工具不断涌现,全球经济进入"金融经济"时代。在家庭和居民个人的财富中,金融资产所占比重越来越大,在时间跨度上也开始拓展,可选择的资产类别也在不断增多,人们对于理财规划的投资需求也变得越来越多样化,这使得传统的理财规划的内涵和外延都在不断发生变化。

总的来看,传统的金融理财研究比较片面、单一,更多的只是关注某一种理财工具,而忽视了各种理财工具之间的相互组合;同时在整个理财规划过程中,投资者的风险认知程度较低,对风险控制不足,从而导致最终的理财结果与预期目标之间出现较大差距,而无法实现既定的财务目标。而在当今时代,现代的金融理财规划开始更多地关注全面的资产配置,以及后期对于理财风险的控制,从而减小理财结果与规划目标之间的差异,使理财主体能充分实现自己的财务目标。

二、概念界定

随着家庭、居民财富水平的增长和财富意识的觉醒,近年来理财在我国成为一个相当流行的概念。各类金融机构的理财业务也随之成为其业务竞争的焦点,金融市场上出现了"理财"、"理财规划"、"财务规划"、"金融策划"、"财富管理"、"财务顾问"等等称谓的金融理财服务。

由于不同金融机构和学者从不同角度给出了不同的金融理财概念,国内理论界和实务界一直对"金融理财"的称谓、定义和内涵缺乏统一的、清晰的认识。目前对于理财比较权威的定义主要有以下几种。

中国银行业监督管理委员会2005年颁布的《商业银行个人理财业务管理暂行办法》对个人理财业务作出如下定义:"个人理财业务是指商业银行为个人客户提供的财务分析、投资顾问等专业化服务,以及商业银行以特定目标客户或客户群为对象,推介销售投资产品、理财计划,并代理客户进行投资操作或资产管理的业务活动。"实际上,这一定义是对商业银行个人理财业务的性质、范围和内容的界定,并没有完全反映金融理财的内涵。

根据美国理财师资格鉴定委员会的定义,家庭金融理财是指为合理利用家庭财务资源、实现人生目标而制定并执行财务策略的过程。该定义虽然说明了家庭金融理财的内涵,但其外延仍不太清楚。

中国金融理财标准委员会指出,家庭金融理财包括个人在生命周期各个阶段的资产和负债分析、现金流量预算与管理、个人风险管理与保险规划、投资规划、职业生涯规划、子女养育及教育规划、居住规划、退休规划、个人税务筹划和遗产规划等内容。

通常认为,理财规划是指运用科学的方法和特定的程序,为客户制定切合实际的、具有可操作性的、满足家庭或者个人财务需求的某方面或者综合性的方案,最终实现生活品质的提高,达到财务自由和财务安全。在国外,专业的理财机构会根据客户的收入、资产、负债等情况,在充分考虑其风险承受能力的前提下,设计家庭理财方案并帮助客户实施。

综合各方观点,我们认为金融理财应该主要包括以下几个方面的内容。

(1) 从金融理财的服务对象来看,金融理财规划的客户群体主要是家庭和居民个体,同时也广泛包含了专业的投资者,包括各类金融机构。

应该注意的是,不能孤立地看待理财客户。以个人为例,虽然其是理财业务的重要主体,但个人客户的社会性使得其理财的涉及主体并不仅仅局限于个人客户本身,个人客户的理财需求往往和其所在的家庭、所经营的企业,甚至是与个人客户无直接经济和社会关系的其他主体联系在一起,例如,援助符合特定条件的失学儿童的私人基金。因此,分析单个经济主体的理财需求时,不能局限于客户自身,而应该把视角投向更为广阔的客户生存的经济社会环境。

(2) 从金融理财的主体来看,金融理财由专业理财人士提供的金融服务,通常是由专门的理财顾问机构、投资咨询人员或者理财规划师来提供。这是因为,伴随现代金融市场的不断发展,尤其是各类金融衍生工具、产品的不断涌现,对于专业金融投资、财务管理及风险管理的知识和技能的要求越来越高。当然，这并不意味着个人或者家庭不能自己理财。只是它们的理财行为，通常会因为自身约束条件和偏好的不同而有别于专业理财机构和理财人员。

（3）从金融理财的服务内容看，理论上任何与客户财产（含货币性财产及非货币性财产）相关的财务活动及其衍生活动，都能够成为个人理财业务的服务内容。

以银行个人理财为例，正如传统的存、贷、汇、代收付业务来源于个人客户的存款活动、贷款活动、汇款活动、收付款活动一样，个人客户在投资、纳税、保险、遗产分配等诸多领域的活动也使得个人理财业务发展出了投资、信托、税务筹划、遗产规划、理财咨询等更多更新的业务种类。可见，金融理财是一种综合性金融服务，应按照客户的目标和需求来选择适当的金融工具，构建个性化的投资组合，并不是简单的理财产品的推销。

（4）从金融理财的时间维度来看，通常其是针对客户在一定时间跨度的长期投资规划，是一个伴随客户（如家庭或者居民个体）生命周期的动态的调整和优化过程，而不仅仅是针对客户某个阶段的理财规划。可见，金融理财是一个动态的过程，它随着人类生命周期而作出相应改变。对个人客户而言，金融理财是一种贯穿一生的财务规划，它是个人对其所有财产进行适当管理以实现个人生活目标的一个动态过程。

（5）从金融理财的外在表现形式来看，以"理财规划报告"、"理财规划建议书"、"投资策略报告"的形式集中表现，其中主要包括以下要素：实施概要、背景与目的、投资目标与参数说明、责任与义务、资金管理人的抉择标准、控制程序，以及投资者的风险承受能力、投资偏好、投资期限、动态平衡要求等，同时应阐述投资理财顾问、资金管理人和托管人的责任与义务以及各自的免责条款。

（6）从金融理财的需求层次来看，金融理财可以进一步细分为生活理财和投资理财。具体来说，生活理财主要是金融理财专业人士帮助客户设计与其整个生涯事件相关的财务计划，包括职业选择、教育、购房、保险、医疗、养老、遗产、事业继承以及各种税收方面的事宜。专业理财人士提供生活理财服务，帮助客户保证生活品质，即使到年老体弱或收入锐减的时候，也能保持自己所设定的生活水准，最终实现人生的财务自由。

投资理财则是在客户的基本生活目标得到满足的基础上，金融理财人士帮助客户将资金投资于各种投资工具，以取得合理回报并积累财富。常用的投资工具包括：股票、债券、金融衍生工具、黄金、外汇、不动产等。通过投资理财，专业理财人士帮助客户在保证安全性和流动性的前提下，追求投资最优回报，加速个人或家庭资产的成长，提高生活品质。

从严格意义上来讲，投资理财和生活理财是金融理财规划的有机构成，它们之间互相依存、紧密联系。事实上，借助于投资理财来合理利用家庭财务资源，科学制定和执行财务策略，实现财务收益目标，最终有助于实现人生目标和生活理财目标；而生活理财目标的实现，促进了个体的发展和提升，同样也有助于开展投资理财，因此两者相辅相成、密切联系。

总结来看，无论是上述关于金融理财的定义，还是需求管理的对象，都是紧紧围绕着客户及其经济财务活动而进行的。如果在研究中没有脱离以客户及其财务活动为核心，在一定时限内进行合理的金融资产选择和配置，制定并执行财务策略，那么，不同概念和界定所产生的差异都将只是侧重点的不同,并没有本质的区别。

三、理财目标及目标设定

1. 理财目标

对金融理财规划而言,必然要追求财富的保值和增值。传统的财务理论认为,利润代表了理财主体新创造的财富,利润越多,则财富越多,越接近财务目标。但是,在市场经济条件下,如果不考虑资金时间价值、投资额度以及承担风险的大小是不符合理财规划目标的。因此,用利润最大化的目标是不合适的。

事实上,资产净现值最大化目标最能适应居民和家庭以及专业投资机构理财发展的需要和市场经济的要求。在现代市场经济条件下,金融理财目标应为追求资产净现值最大化。具体来看,若经济个体每年获得的预期报酬(可用净利润或现金净流量表示)相等,则净财富价值的计算公式为

$$V_0 = P \cdot \sum_{t=1}^{n} \frac{1}{(1+i)^t} \approx P \cdot \frac{1}{i} \tag{1.1}$$

式中:V_0 为财富净值;P 为每年获得的预期报酬;i 为对每年所获报酬进行贴现时的贴现率;n 为取得报酬的持续期间。

从上式可以看出,财富水平的净值 V_0 与 P 近似地成正比,V_0 与 i 近似地成反比。在 i 不变时,P 越大,则净财富价值越大;在 P 不变时,i 越大,则净财富价值越小。i 的高低主要由承担的风险大小来决定,当风险变大时,i 随之升高,当风险变小时,i 随之降低。也就是说,近似地看,财富净值与预期的报酬成正比,与预期的风险成反比。

资产净现值最大化目标有如下优点:首先,考虑了取得报酬的时间因素,并对资金的时间价值进行了科学的计量;其次,能克服理财主体在追求财富净现值时的短期行为。

资产净现值最大化目标科学地考虑了风险与报酬之间的联系,能有效地克服理财主体不顾风险大小、片面追求净利润的错误倾向。同时,资产净现值最大化目标也有效考虑了通货膨胀风险。虽然通货膨胀常被认为是一种背景风险,不会改变投资财富的数量,但是会影响到财富的增长率。

2. 理财目标设定

在日常金融理财规划过程中,我们还需要根据具体环境设定相应的理财规划目标。经济主体通常是有限理性的经济人,而现实世界也充满了不确定性和信息不对称性,因此,现实的金融理财规划目标一般表现为拥有一定的货币量,而具体的财务目标取决于经济主体的外部环境以及自身的效用函数。

选择并设定一个适合于自己的财务目标,一般可遵循以下五个步骤:①自我评价。即首先明确"最适合自身的目标是什么?"②分析各方面情况。对于居民个体而言,其财务目标影响家庭其他成员甚至社会,而且其财务目标的实现也依赖于其他成员或社会的支持。因此,居民个体在制定其财务目标时,还要考虑家庭及社会环境的影响,做到兼顾各方利益。③分阶段制定。对于居民和家庭而言,在生命周期的不同阶段的财富水平和理财需求不同,从而理财目标也不同。④目标选择。在确定了适合于自己的多个财务目标之后,由于不可能同

时实现所有目标,应从中选择一个最适合于自己或对自己最重要的财务目标作为特定时期的奋斗目标。⑤评估和调整。随着时间的推移,外部环境与自身条件都会变化;过去某些不适合于自己的或不重要的财务目标可能会变成适合自己的重要的财务目标。因此,还要不断对既定财务目标进行再评价和动态调整。

第二节 金融理财规划的资产选择

金融理财规划的常见工具是各类金融资产,利用其实现特定风险水平下的预期财务收益目标。金融理财规划可选择的资产类别通常伴随着国际金融市场的发展而不断变化;对于不同国家来说,由于资本市场的发展程度和金融管制的不同,可选择的资产和工具也会有所不同;对于不同的投资主体来说,也会因为各自不同的财务状况和风险偏好而选择不同的资产类别,各类资产在其投资组合中的配置比例也会因此各不相同。

一般而言,金融理财的主要资产类别可以归纳为五大类:现金及现金等价物、固定收益证券、股票资产、基金类资产和其他衍生金融工具,而且各大类资产还包括许多子类别资产。对于现金类资产这里不作分析,以下主要对各类金融资产进行介绍。

一、固定收益类证券

通常,固定收益类证券是指在一定时期内,证券的发行者依据招募说明书上面事先约定的利率支付给投资者利息,使得投资期内每单个期间的收益保持固定的证券。固定收益类证券具有以下几个基本特性。

1. 投资收益回报的期限固定

固定收益类证券通常是每个季度、每半年或者每年度付息一次;而且,大部分固定收益类证券具有固定的票面利率,投资收益回报的金额固定,投资者在付息日可以领取固定的利息收入。浮动利率债券虽然票面利率不固定,投资者的投资收益随市场利率的变化而变化,但是可以事先预知付息期限。

2. 到期归还本金

固定收益类证券都有一个到期期限,发行者在固定收益类证券到期以后要向投资者支付利息和归还本金。信用级别较高、能够上市交易的固定收益类证券拥有较高的信用评级。国债有政府信用作担保;金融债券有银行信用作担保;企业债券虽然可能面临企业违约或者破产的危险,但是一般企业债券在发行的时候会找银行提供担保,而且即使在企业破产、资产清偿的情况下,企业债券清偿的顺序也优先于普通股和优先股,拥有较高的保障。

3. 税收优惠

对于投资而言,投资固定收益类证券所获得的收益享受税收优惠政策,而投资股票所获得的分红派息要征收 10%—20% 的资本利得税。

固定收益类证券按照期限来划分,可以分为货币市场固定收益类证券和资产市场固定收益类证券。货币市场固定收益类证券是指到期期间在 1 年以内的固定收益类证券,主要包括国库券、可转让大额定期存单、银行承兑汇票、商业本票和国债回购。而资产市场固定收益类证券是指到期期间在1年以上的固定收益类证券,主要包括中长期国债、金融债券、公司债券、可转换债券、零息债券、认股权证、浮动利率债券和国际债券等。其中,债券是固定收益类证券中最主要的资产类别。

（1）国债。国债是指政府为满足重大项目建设或者长期国库的需要,由财政部委托中央银行通过招投标的方式向投资者发行的债券。国债的信用级别最高,流动性最好,一般被视为无风险资产。

（2）金融债券。金融债券是指由以银行为主体的金融机构发行的金融企业债券。由于以银行信用作担保,金融债券的风险要比普通公司债券低得多。

（3）公司债券。公司债券是指由股份有限责任公司担任发行主体,以公司信用作担保向投资者发行的债券。公司债券的风险相对于国债和金融债券较高,票面利率或者收益率相对于国债和金融债券也较高。按照有无担保和抵押,可以分为有担保公司债券、无担保公司债券和金融机构担保公司债券。

（4）可转换债券。可转换债券是介于公司债券和普通股之间的一种混合金融衍生产品,投资者拥有在一定时期内选择是否按照一定的转换价格和转换比例将可转换公司债券转换成为公司普通股票的权利。在可转换债券转换成为公司股票以前,可转换债券的持有人是公司的债权人,一旦转换成为公司股票以后,就成为公司的股东。

（5）零息债券。零息债券是指以贴现方式发行,在投资者持有期间不向投资者支付利息,到期按照面值偿还的债券,面值和发行价格之间的差额就是投资者的报酬。

（6）认股权证。认股权证又称"窝轮",是期权中的一种,可以由发行股票的公司或者第三者发行,赋予权证持有人在特定时期内、按照约定的价格、购买或者卖出一定数量的股票（正股）的权利。它按照买卖方向的不同分为认购权证和认沽权证。

二、股票资产

股票是一种有价证券,是股份有限公司在筹集资本时向出资人公开发行的,用以证明出资人的股本身份和权利,并根据股票持有人所持有的股份数享有权益和承担义务的可转让的书面凭证。通常,我们将股票资产视为主要的风险资产。股票资产可以依据行业的增长周期性与经济增长周期性的相关程度,进一步细分为四类。

1. 成长性行业

成长性行业呈现出远远高于经济增长速度的增长势头。例如,主要依靠技术进步、新产品的不断创新获得发展的信息产业就属于成长性行业。

2. 周期性行业

周期性行业的增长速度与国民经济的经济增长速度紧密相关。当国民经济呈现快速增长的时候,周期性行业迅速处于景气阶段；当经济增长出现减缓或衰退的时候,周期性行业也会迅速减缓增长势头。消费品行业、耐用品制造业及其他需求收入弹性较高的行业,属于典型的周期性行业。

3. 防守型行业

防守型行业的产品需求弹性较小,需求相对稳定,其行业增长速度相对稳定,与国民经济增长的相关性不太强。即使经济周期处于衰退时期,对防守型行业影响也比较小,它们甚至还会出现一定的增长势头。例如,食品加工业、公用事业行业与水、电、煤气供应行业属于典型的防守型行业。

4. 资源类行业

资源类行业由于行业的特性资源的稀缺性而单列为一个行业,该行业不论经济增长速度如何,由于资源的稀缺性和不能无节制采掘的特点,必须按照国家产业政策制定开采的计划进行开采,从而与经济增长速度的相关性很弱。经济增长加速,会引起对同类资源国外进口的增加。比较典型的是石油行业,铜、铝、锡、黄金等矿产资源行业等。

另外,股票资产可以依据市值大小细分为三类资产:大盘股、中盘股和小盘股;还可以依据国别的不同,细分为国内股票和国际股票等。

三、基金类资产

基金(fund)有广义和狭义之分。从广义上说,基金是机构投资者的统称,包括信托投资基金、单位信托基金、公积金、保险基金、退休基金,以及各种基金会的基金;狭义的基金是指证券市场上的证券投资基金,它包括封闭式基金和开放式基金。这里,我们简单介绍证券投资基金和房地产投资信托基金。

1. 证券投资基金

证券投资基金是一种利益共存、风险共担的集合证券投资方式,即通过发行基金单位,集中投资者的资金,由基金托管人托管,由基金管理人管理和运用资金,从事股票、债券等金融工具投资,并将投资收益按基金投资者的投资比例进行分配的一种间接投资方式。

证券投资基金主要有以下三个特征:(1)集合投资。基金在参与证券投资时,资本越雄厚,优势越明显,而且可能享有大额投资在降低成本上的相对优势,从而获得规模效益的好处。(2)分散风险。基金可以凭借其雄厚的资金,在法律规定的投资范围内进行科学的组合,分散投资于多种证券,借助于资金庞大和投资者众多的优势使每个投资者面临的投资风险变小,另一方面又利用不同的投资对象之间的互补性,达到分散投资风险的目的。(3)专业理财。投资基金,可以获得专家们在市场信息、投资经验、金融知识和操作技术等方面所拥有的优势,从而尽可能地避免盲目投资带来的失败。

我国现行《证券投资基金法》规定,证券投资基金只能投资于股票、固定收益类证券和现金资产,而不能投资于房地产项目、房地产信托投资基金和黄金。美国和欧洲许多国家对另类资产的规定很广泛,尤为值得一提的是,允许证券投资基金在证券交易所投资上市型的房地产信托投资基金。

2. 房地产投资信托基金

房地产投资信托基金(REITs)是指专门从事房地产买卖、开发、管理等经营活动的集合信托投资计划,即通过发行基金份额,将众多投资者的资金汇集成一定规模的独立资产,交由基金托管人托管、专门的基金管理人管理,并将房地产销售和租赁等经营活动所产生的大部分利润由基金持有人按出资比例分享的集合投资方式。

房地产投资信托基金的开发和投资具有很强的投资优势:REITs 具有很强的保值升值功能。当发生通货膨胀的时候,以房地产为资产基础的 REITs 价值也会随之快速上涨;当本国货币对外升值的时候,资金会首选价值较高的房地产行业进行投资。同时,它也是一种具有稳定现金流收入、收益较高而风险较低的金融创新产品。美国 REITs 在 2003 年和 2004 年的平均收益率分别高达 38.47% 和 30.41%,高于同期标准普尔 S&P500 的 28.66% 和 10.88%,远远高于 10 年期美国国债的 4.2%。

四、金融衍生工具

金融衍生工具,又称金融衍生品,是与基础金融产品相对应的一个概念,指建立在基础产品或基础变量之上,其价格取决于后者价格(或数值)变动的派生金融产品。标的物可以是商品(如石油期货、期权),可以是某种金融资产(如外汇期货、期权),也可以是某种指数(如股票指数期货)。这里所说的基础产品,不仅包括现货金融产品(如债券、股票、银行定期存款单等),也包括金融衍生产品。作为金融衍生工具基础的变量则包括利率、各类价格指数甚至天气(温度)指数。

衍生工具具有跨期交易特点和杠杆效应特征。达成一份衍生金融合约不需要交纳合同的全部金额,一般只需要百分之几的保证金。这意味着利用少量资金就可以进行几十倍金额的衍生金融工具交易,具有放大效应。因此,衍生工具也具有不确定性和高风险性,利用它进行套期保值和投机套利并存。

一般衍生工具,主要是指远期(forwards)、期货(futures)、期权(options)、掉期(swaps,即互换)。更为详细的介绍可参阅约翰·赫尔的《期货期权入门》(第三版)[①]。

以专业的机构投资者为例,考察第二次世界大战后美国证券投资基金在不同时期资产配置的资产类别选择,可以发现:在 20 世纪 50—70 年代,大部分美国证券投资基金资产配置的资产类别选择基本上限于传统的投资组合——股票、债券和现金,投资组合资产配置比例接近股票 60%、债券 30%、现金 10%;从 20 世纪 80 年代起,随着全球金融自由化进程的加快,美国基金开始大力投资于海外发达国家市场和新兴市场的股票和债券,还包括风险资本和房地产;从 20 世纪 90 年代至今,美国证券投资基金资产配置的资产类别选择趋于更加广泛,涉及的资产包括股票、债券、现金、房地产、房地产投资信托基金(REITs)、发达国家市场股票和债券、新兴国家股票和债券。另外,还在投资组合中运用绝对收益策略:在股票领域,包括认股权证和可转换债券套利、对冲封闭式基金、综合证券套利和其他衍生金融工具的运用;在固定收益证券领域,包括不同形式的债券套利,涉及期货、掉期协议、信用风险、收益率曲线形状和隐含的期权特征等。

理财过程中可供选择的各类金融资产具有不同的资产特性和风险收益特征。对于不同

---

① 〔加〕约翰·赫尔:《期货期权入门》(第三版),张陶伟译,中国人民大学出版社 2001 年版。

金融工具的特点及其风险表现形式,可以从安全性、流动性、收益性三个方面来进行分析。

安全性目标要求资产必须保持足够的清偿能力,能承受重大风险和损失,并保障投入资本的本金安全;流动性目标是指可以随时保持适当的价格取得可用资金的能力;收益性目标是指对于特定资产在可能的情况下,尽可能地追求利润。

一般认为,"三性"原则既有相互统一的一面,又有相互矛盾的一面。流动性是投资资产的前提条件,是安全性的重要保证。离开了安全性,收益性也就无从谈起。收益性原则是最终目标,保持收益是维持流动性和安全性的重要基础。安全性与流动性之间呈现正向相关。流动性较大的资产,风险就小,安全性也就较高。收益性与安全性和流动性之间呈反方向变动。收益性较高的资产,由于时间一般较长,风险相对较高,因此流动性和安全性就比较差。

第三节 金融理财规划的指导原则

金融理财活动中需要运用合理科学的金融投资方法管理可供支配的财务资源,力争使客户有限的财力在一定的时间跨度内得到合理利用,带来财富的保值增值,最终实现客户的各项生活和财务目标。

一般来说,金融理财规划工作中应坚持以下五条原则。

一、经济效益原则

对于居民个体而言,居民经济生活的基本目标,是在满足生活最佳需要的基础上,以财产保值增值为目标,管好、用活资金,提高资金利用效果,增加经济效益。当然,也要规避各种经济风险,增收节支。其他主体也同样追求经济效益。

二、量入为出原则

从财务角度来看,资金的有序循环与正常周转是理财规划的先决条件。人的欲望是无止境的,如果放任自流,必将拖垮客户的财务状况。量入为出原则要求处理好积累和消费的关系,从自身的需要和可能出发,做到以收定支,保障较好的现金流,使财务结构合理化,并保持适当的偿债能力。在通常情况下,量入为出也要做到略有节余,以备意外需要。当然,量入为出与适度超前消费也不矛盾,因为信贷消费和信用交易也是以保持偿还能力为前提的。

三、科学管理原则

1. 理财方法的科学性

理财规划应借鉴金融投资、财务管理中的科学方法,运用预算、控制、分析、评价、优化方法,统筹安排各种需要,合理安排资金、时间和精力,提高理财的效率和质量。

2. 理财手段的现代化

要接受和不断采用更新的现代技术、方法和工具管理财务资源,以提高理财效率和生活质量。在国外,有许多居民利用居民理财软件,借助网络、电视、电话服务于居民理财,从而大大提高了理财效率和生活质量。随着我国人民生活水平的提高,越来越多的居民的理财水平逐步提高,居民理财软件、网上理财、手机理财也走进千家万户,使居民理财越来越便利,并正在改变人们传统的理财方式和习惯。

四、利益协调原则

金融机构、家庭乃至居民个人虽然是独立的经济单位,但是具有社会属性,也是利益集合体。因此,理财规划实质就是处理与协调社会各经济单位的经济利益关系。在理财规划实践中,要坚持公正、公平、诚实和守信的原则,妥善处理好经济体内部、经济体之间,乃至与家庭、国家的利益关系,维护各方合法权益。当然,利益协调原则还意味着要处理好眼前利益和长远利益的关系,确保个体的财务安全和个体财务状况的不断改进。

五、全面并重原则

金融理财的目标就是要通过金融理财规划来最终实现家庭或者居民个体的物质需要和生活需要,进而为家庭或者居民生活奠定物质基础,使生活不断进步。但是理财的全面并重原则,一方面是指理财应引领全体成员跟随时代脚步,不断提高物质生活和精神生活水平,保持积极进取、乐观向上的精神状态,而不要抱守贫穷与落后;另一方面则是指理财管理者在制定管理计划和分配家庭资源时,要注意满足每个家庭成员的全面发展的需要,除了物质需求的衣、食、住、行外,还要注意教育、休闲娱乐等方面的投资。

本 章 小 结

本章主要介绍了金融理财规划的基本要素,为开展金融理财规划作必要的铺垫。

伴随着人类社会金融、经济的发展,传统的金融理财规划的内涵和外延都在不断发生变化。一般来说,金融理财规划中可以选择的主要资产类别可以归纳为五大类:现金及现金等价物、固定收益证券、股票资产、基金类资产和其他衍生金融工具。在金融理财规划中,应坚持经济效益、量入为出、科学管理、利益协调和全面并重等五个主要原则。

第二章　金融理财规划的理论基础

> 本章主要介绍了进行金融理财规划的理论基础。本章共分为四节,第一节介绍有效市场理论;第二节介绍资产的风险和收益理论;第三节介绍现代投资组合以及资本市场定价模型理论;最后简单介绍投资者行为理论。

第一节　有效市场理论

一、有效市场理论的产生

有效市场理论(Efficient Markets Hypothesis,简称 EMH)又称有效市场假说,它是现代资本市场理论体系的重要基石之一,许多重要的金融投资理论,如资本资产定价模型、套利定价理论等都是建立在有效市场理论的基础之上。有效市场理论起源于 20 世纪初,理论的奠基人是法国数学家路易斯·巴舍利耶,他把统计分析的方法应用于对证券收益率的分析,发现其波动的数学期望值总是为零。1964 年,奥斯本提出了"随机漫步理论",他认为证券价格的变化类似于化学中的分子"布朗运动"(悬浮在液体或气体中的微粒所作的永不休止的、无秩序的运动),具有"随机漫步"的特点,也就是说,它变动的路径是不可预期的。1970 年,美国芝加哥大学著名教授尤金·法玛首次明确提出了有效市场的概念,他认为在一个有效资本市场中,信息的披露和传递是充分的,证券收益率序列在统计上不具有"记忆性",证券价格的变动将不存在内在联系,因此,投资者是无法根据历史的价格来预测其未来走势的。

根据法玛的论述,在资本市场上,如果证券价格能够充分而准确地反映全部相关信息,便称其为有效率。也就是说,如果证券价格不会因为向所有的证券市场参加者公开了有关信息而受到影响,那么,就可以说市场对信息的反映是有效率的。对信息反映有效率意味着以该信息为基础的证券交易不可能获取超常利润。

二、有效市场理论的主要内容

有效市场理论以四个假设前提为基础:①市场信息是被充分披露的,每个市场参与者在同一时间内得到等量等质的信息,信息的发布在时间上不存在前后相关性。②信息的获取是没有成本或几乎没有成本的。③所有市场投资者都是追求个人利益最大化的理性投资者,他们为了追逐最大的利润,积极参与到市场中来,对证券进行理性的分析、定价和交易。④每一个投资者都只是价格信息的接受者,对新信息会作出全面的、迅速的反应。在上述前提条件下,有效市场理论的主要内容包括:

(1) 在证券市场上,信息以随机的、独立的方式进入市场,面对刚公布的新信息,价格调整通常是独立进行的。证券价格的变动是市场对各种信息作出的反应,因此价格的每次变动也是独立的,与前一次价格变化没有联系。

(2) 市场众多投资者都是基于利润最大化的目的存在的,他们能各自独立地对证券价格进行理性的分析和评价,而不受他人评估结果的影响。

(3) 投资者面对新信息,能够迅速、准确地调整价格,反映新信息对价格产生的影响。由于投资者能够迅速、准确地调整价格,市场对新信息的反应速度足够快,因此投资者不能获得非正常报酬,而只能赚取风险调整的平均市场报酬率。因此,如果证券价格完全反映了所有可能获得或利用的信息,每一种证券的价格永远等于其投资价值,那么就称这样的市场为有效市场。

三、有效市场的分类

1970 年,法玛定义了与证券价格相关的三种类型的信息:一是"历史信息",即基于证券市场交易的有关历史资料,如历史股价、成交量等;二是"公开信息",即一切可公开获得的有关公司财务及其发展前景等方面的信息;三是"内部信息",即只有内部人员才能获得的有关信息。

根据证券价格反映不同信息的差别,一般将市场有效性分为弱有效、半强有效和强有效等三种不同效率的市场。

1. 弱有效市场(Weak Form Efficiency)

弱有效市场是指证券价格能够充分反映价格历史序列中包含的所有信息,如有关证券的价格、收益率、交易量等。在弱有效的情况下,市场价格已充分反映出所有过去历史的证券价格信息,证券价格随机游动,每次价格的上升或下降与前一次价格变动没有联系,对下一次的价格变动也没有影响,因此,过去的市场交易数据对将来的证券价格预测就没有任何作用,按照由历史信息得出的交易规律进行证券买卖无法获得超额利润。

2. 半强有效市场 (Semi-Strong Form Efficiency)

半强有效市场是指证券价格不仅能够体现历史的价格信息,而且反映了所有与公司证券有关的公开有效信息,如公司收益、股息红利、对公司的预期、证券分拆、公司购并活动等。与弱有效相比,半强有效对市场效率的要求较高,不仅所有关于证券价格的历史信息对估计证券的未来价格变动没有作用,而且所有其他公开信息也对价格预测没有用处。在半强有效市场中,投资者依据新公布的信息进行操作是无法获得超额利润的,只有凭借内幕消息才可能获得超额利润。

3. 强有效市场(Strong Form Efficiency)

强有效市场是指有关证券的所有相关信息,包括公开发布的信息和只有公司内部人员才有可能得到的内部信息,对证券价格变动都没有任何影响。强有效市场只是一个理想的状态,在真实世界中,这种状态是永远不可能达到的。事实上,许多国家的证券监管机构的主要精力都放在了防止内部人员利用其获得内部信息的便利地位牟取利益。

强有效市场理论认为价格已充分地反映了所有关于公司营运的信息,这些信息包括已公开的或内部未公开的信息。在强有效市场中,没有任何方法能帮助投资者持续获得超额利润,即使有内幕消息者也一样。

从有效市场的三种分类来看,从弱有效、半强有效到强有效,价格反映的信息范围逐步扩大,对信息的反映速度也越来越快。同时,在强有效市场成立时,半强有效必须成立;半强有效成立时,弱有效也必须成立。

四、有效市场理论的检验

1. 弱有效市场的检验

弱有效市场强调的是证券价格的随机游走,不存在任何可以识别和利用的规律。因此,对弱有效市场的检验主要侧重于对证券价格时间序列的相关性研究。具体来讲,这种研究又包括时间序列的自相关、操作检验、过滤法则检验和相对强度检验等不同方面。

(1) 时间序列的自相关是指时间序列的数据前后之间存在着相互影响。如果证券价格的升降对后来的价格变化存在着某种影响,那么在时间序列上应表现出某种自相关关系。

(2) 操作检验是一种非参量统计检验方法。这一方法将证券价格的变化方向用正负号表示,价格上升为正,下降为负。如果价格变化的自相关性较强,应能看到一个较长的同号序列,表示价格的连续下降或连续上升。

(3) 过滤法则检验是通过模拟证券买卖过程来检验随机游走理论的可信性。这一方法将证券价格变化作为买入或卖出证券的指示器。如果价格上升,表明股市看好,则在次日买入一定比例的证券;如果价格下降,表明股市看跌,次日卖出一定比例的证券。如果股价变化存在着某种相关关系,这种买入卖出方法的收益应显示出一定的特性。

(4) 相对强度检验也是通过模拟证券投资过程对随机游走理论进行检验的。检验者首先选择一个与证券价格变化有关的指标,然后按照这一指标数值的指示决定买入或卖出某种证券的数额。

根据以上检验的方法,有效市场理论的研究者做了大量的实验。摩尔(Moore,1962)利用相关性检验方法,发现证券价格的前后期变动序列之间的相关系数平均为-0.06,表示股价变动的前后期之间不存在序列相关关系。法玛(Fama,1965)以1957—1962年道·琼斯工业指数的30种证券作为样本,计算出价格序列残差的相关系数为0.03,表明各期股价不存在相关性。格兰杰和摩根斯坦(Granger and Morgenstern,1963)采用一种谱分析方法对证券价格波动进行研究,发现证券价格运动没有依赖性。

总的来说,20 世纪 80 年代以前对西方多数证券市场的大量经验研究表明证券市场是弱有效的,而 80 年代以来的多数经验分析却出现了一些不支持市场是弱有效的经验证据,表现为有效市场中的异常现象,被称为金融异象。

2. 半强有效市场的检验

对半强有效市场的检验,主要侧重于市场反应速度的研究,即研究证券价格对各种最新公布的消息(如拆股、股利政策变化、盈余信息等)的反应速度。其检验往往采用"事件研究"方法,主要是计算证券的超额收益,以测试某一阶段披露的信息是否会影响其他时间的收益,从而确定股价对公开信息作出的反应是否符合半强有效假设。如果某事件出现以后,股价能在短时期内得以迅速调整并自动恢复均衡,从而使得任何以该事件为基础的交易不能获得超额利润,则表明市场是有效的;反之,市场是失效的。

波尔和布朗(Ball and Brown,1968)运用累计超常收益分析法研究了年度会计盈余信息的公布对公司股价的影响,认为美国的证券市场是半强有效市场。科文和平克顿(Keown and Pinkerton,1981)对公司接管前后的收益率进行的研究发现,在消息公布之前,目标公司的股价开始上升,这表示信息进入价格;在消息公布的当天,股价发生向上阶跃,反映出目标公司的股东所获得的接管溢价;而在消息公布以后,价格没有继续上升或者发生反转,说明价格对信息的反应是正确的。这个结论与半强有效假设一致。

3. 强有效市场检验

对强有效市场的检验目前尚无比较成熟的、规范的方法,这方面的研究主要集中在观察那些特定的交易者(如专业投资者或内幕人员,他们依赖于某些特定的公开或内幕消息进行交易),看其能否获得超额收益。而由于对内幕人员交易难以获取数据,因此,通常是对专业投资者的业绩进行检验,即检验专业投资者在不占有内幕信息的条件下,是否能凭借专业技能(包括技术面分析和基本面分析能力)获得超额收益,也可检验投资咨询机构建议的效果,即检验采纳投资咨询机构建议的交易策略,是否能比不采纳其建议的交易策略收益更高。

詹逊(Michael Jensen,1968,1969)运用资本资产定价模型(CAPM)来衡量经风险调整的互助基金经营实绩。研究发现,即使不考虑运营成本,多数基金的业绩无法超越指数业绩。因而,满足强有效市场的结论。格里姆布拉特和提特曼(Grimblatt and Titman,1989)、义普利托(Ipplito,1989)对互助基金业绩作了进一步研究,其研究结论都是相似的:过去业绩表现好的基金并不表明未来也经营得比较好。

五、对有效市场理论的评论

自从有效市场理论提出之后,无论在理论还是实证检验方面,都取得了巨大的成功。有很多理论,尤其是证券分析理论,都是在这一学说及其应用的基础上建立起来的。首先,有效市场理论揭示了证券市场的特征。通常人们总是认为证券价格是有规律可循的,未来价格完全可以通过过去的价格信息来进行预测。而有效市场理论认为证券价格服从随机游走过程,是无规律可循的。同时,由于证券市场的混乱、无序性,人们往往认为它不是科学研究的对象,而有效性假说以信息为纽带,把信息和证券价格有机地联系起来,通过研究证券价格对相关信息的反应效率,达到对证券市场研究的目的。随后大量涌现的实证研究,把证券市场的"无序"变成"有序",揭示了证券市场的本来面目。

其次,有效市场理论与金融经济学中的资本结构理论(MM)和资本资产定价模型(CAPM)几乎是同时提出的,相互之间有着紧密的依赖性。在验证有效性时需要均衡模型,而均衡模型正确的前提又在于市场是有效率的。早期的有效市场理论与实证结果的一致性,为以后两个理论观点被普遍接受提供了有力的支持。没有对有效市场大量的实证检验作为后盾,以均衡为基础的CAPM的推理过程以及期权定价理论很难被迅速地接受。同时,MM理论的发展也部分地依赖于以有效性为基础的竞争经济理论的发展。

最后,有效市场理论为新兴证券市场的发展提供了参考。利用相对成熟的资本市场的有关数据进行实证研究所揭示的有效性、非有效性特征,可以为研究新兴证券市场的发展状况提供参照。通过比较新兴市场和发达市场的实证结果,可以找出两种市场在投资理性、市场规范、交易规则等方面的差异。政府可以根据市场有效性程度的不同来选择其监管模式,权衡其监管力度。

但是,有效市场理论本身也存在着一些缺陷。首先,它的假设前提过于严格,不但要求完备的竞争市场,而且要求信息能够免费获得,以致在实际应用中会产生偏差。实际上,资本市场作为一个复杂系统,并不像有效市场理论所描述的那样和谐、有序、有层次。而且,有效市场理论不能解释市场恐慌、股市崩盘,因为在这些情况下,完成交易比追求公平价格重要得多。其次,在理性预期的基础上给出的市场有效性定义,要求投资者也必须具有理性预期,但是实际情况并非如此。在绝大多数情况下,投资者行为并不符合经济理性最大化的假定。他们的行为与标准的决策模型是不一致的。

有效市场理论除了在理论上存在以上不足外,很多实证检验也对其提出了严峻的挑战,主要是规模因素和时间异象等情况的存在与效率市场是相互矛盾的。尽管如此,有效市场理论依然是人们进行金融理财和资产配置实践的基础。

第二节 投资者行为理论

在投资过程中,个人投资者的投资决策过程可以看成是一个个复杂的行为过程,在这个过程中,由于投资者对市场信息的认知、对个人心态的把握以及对市场价值的判断都不可避免地存在理性不完备的状况,往往会产生系统性的或非系统性的认知偏差和选择偏好。尽管机构投资者与个人投资者相比在研究力量、数量工具和组合管理等方面占据优势,但是同样也可能表现出非理性的一面。这是因为,无论是个人还是机构,人们的心理和感情都同样起着重要作用。考察投资者的行为特征,对于做好投资决策、优化资产配置有着非常重要的作用。行为金融学的研究为我们从心理学和人类学理论来审视投资者的投资活动提供了一个非常重要的视角。

一、个人投资者的非理性行为

在传统的金融经济学理论框架下,投资者往往被假定为标准的"经济人",即具有完全理性。理性投资者不但具有理性意识和理性能力,而且具有行为理性和知识理性,即投资者会根据自身现状和理性预期作出投资决策,在追求收益最大化的同时谋求风险最小化。

然而,在复杂的投资活动链条中,起作用的不仅是投资者个人的理性和知识,个人的情感和心理也会对投资活动产生巨大的影响,从而使得投资者个人的行为并不符合有效市场理论中的经典假设,表现为个人投资者的非理性行为。根据摩根·斯坦利个人投资部首席投资官戴维·M·达斯特的划分,投资者的非理性行为主要表现在以下一些方面:

(1) 错误估计投资期限。虽然将投资期限界定为短期,但实际执行中将投资时间延长至15—20年或更长;或者高估投资年限,对于准备长期投资的资产类别在构建组合后很短时间内就提前收回投资。

(2) 过度追求短期收益。为追求短期投资收益而没有通过分散投资减少资产价格波动和降低投资风险。

(3) 过多强调波动风险而忽视购买力风险。在投资年限为10年以上时,没有考虑通货膨胀或是通货紧缩带来的购买力风险。

(4) 采取回避而非规避风险的心态。因为不愿意损失金钱,宁愿选择平滑的10%的平均市场收益率,也不考虑波动不定的15%的收益率。尽管通常收益波动与较高的年收益率紧密相关,但投资者往往不愿意承担期间市场波动。

(5) 高估自身的风险承受能力。投资者通常会过高估计他们承受损失的能力,低估当他们真正面对已实现的或没有实现的损失时所能承受的压力。

(6) 将未来收入预期与投资组合的股利和利息而不是与总收益挂钩。资产总是要经历一定时期才能创造出新的财富。有较高收益预期的投资者应该着眼于资产组合的总收益,而不仅仅是当前的收益水平。

(7) 忽视每年投资费用对于整体收益的影响。每年投资费用按照复利计算是一笔可观的开支,而个人投资者往往予以忽视。

(8) 想不支付保险成本就获得保障。个人投资者需要考虑并愿意支付为了对冲、保险等目的而发生的费用。

(9) 依据最近的资产收益情况,并将其与绩效最好时期的基准相比。特别是在经历一些市场状况不好的投资年份后,个人投资者往往会认为这些趋势还将继续下去。同时,投资者往往会期望自己的收益率赶上或超过表现最好的指数或资产类别。

(10) 经常性的情绪、信心和耐心的大幅波动。

(11) 忽视资产配置权衡。一般来讲,对投资资产的配置应该兼顾流动性、收益率和安全性,但是普通投资者往往不能在三者之间进行权衡。

(12) 过高估计投资组合的风险分散能力。尽管能够意识到分散化投资的好处,但许多投资者由于投资习惯、偏好熟悉的资产、过度自信、熟悉自己公司、市场价格影响以及与预期收益有关的行业和资产类别的高度相关性等因素,导致投资者实际持有的投资组合的风险分散水平并不高。

(13) 错误估计税收的影响和重要性。投资者在考虑是否和何时出售某些资产的时候,有时将税收因素考虑得太重要,同时经常会低估换股、红利分配、资产损益和其他应税项目对长期持有投资组合的税后收益的影响。

投资者之所以在投资决策过程中表现出上述非理性行为,说到底是由根深蒂固的作为或不作为的自身情绪所导致的,抑或受自身悲观或乐观的天性所驱使。在大多数时候,投资者的非理性行为表现出顽固性反复的特点,即使投资者有所察觉,还是依然会在下一次决策时坚持错误的决策模式。这启发我们:对于投资者的行为特征和模式,要通过心理学和人类学视角来加以认识,从而更深刻地理解人类的期望、信念、情感、本能等心理因素对投资者的投资决策的影响。

二、金融心理学的解释

对投资者行为的研究可以追溯到20世纪初,约翰·凯恩斯基于心理预期最早提出股市"选美竞赛"理论和基于投资者"动物精神"而产生的股市"乐车队效应"。20世纪60年代,一些学者将心理学的研究成果引入金融领域。Tversky研究了人类行为与投资决策模型基本假设相冲突的三个方面:风险态度、心理会计和过度自信,并将观察到的现象称为"认识偏差"。1979年,Kahneman和Tversky提出了对行为金融影响最大的展望理论,这一理论成为行为金融研究的代表学说。20世纪90年代,关于行为金融的研究达到了鼎盛时期。行为金融理论否定了传统金融理论中的完全理性人假设和有效市场假设,借助新的分析方法,在金融市场行为分析中增加了一些定性的解释和模型,把人的行为真实化、复杂化。行为金融理论拓展了金融分析的视野,使金融学的发展获得了新的支撑,但投资者行为理论作为一个新的学派还不够成熟,迄今为止还没有整合成一个系统的理论。

个人投资者行为分析是行为金融研究的重要组成部分。行为金融较成功地解释了个人投资者是如何行动的,特别是他们如何进行判断与决策,选择什么样的投资组合,采取什么样的投资策略,如何进行交易,怎样进行退休储蓄等。

根据行为金融理论,在金融市场上,参与者常常面对庞大的信息流、复杂的情形及交易压力。为了迅速作出判断与决策,他们通常借助一些直觉和框架。直觉是人们认识事物的方法,是在试错法基础上逐渐形成的一些普遍经验规则。它帮助人们迅速找到的解决方案不一定最优,可能接近于正确答案,但也可能出现系统性的偏差。框架是描述决策问题的形式。由于许多框架是模糊的,投资者往往会因为情境和问题的陈述与表达的不同而有不同的选择。这种现象被称为框架依赖。

无论是直觉偏差还是框架依赖,都会影响人们的判断和决策的正确性。比较重要的直觉偏差有易得性(availability)、代表性(representativeness)、锚定效应(anchoring)等,比较重要的框架依赖现象有过度自信(overconfidence)、厌恶模糊性(ambiguity aversion)、心理核算(mental accounting)、自我控制(self-control)、后悔规避(regret aversion)等。

1. 易得性

易得性反映的是人们依靠容易得到的信息而非全部信息进行判断。容易得到的信息可能是实际信息,也可能是回忆的信息。由于只使用了部分信息,依赖易得性的判断就容易产生一些偏差。比如,如果一个投资者从来没有经历过股票交易大幅下跌,就不容易想起这种情形,而经历过股价大幅下跌的人,往往把股价大幅下跌的风险评估得更低。价格最近上涨很多的证券往往更容易吸引人们的注意力,而价格没有大幅上涨的证券通常不太可能引起人们的注意。但是,事实上,并不是吸引注意力的证券就一定具有投资价值。

2. 代表性

代表性指的是人们倾向于对观察到的某种事物的模式,与自身经验中该类事物的典型模式的相似程度进行比较和判断。它反映的是个体与类别之间的关系。如果某一事物与其类别高度相似,其代表性就高;反之,代表性就低。代表性常常应用于人们预测市场、挑选股票等行为中。在一般情况下,代表性是有效的,但是有时也会产生严重偏差。因为它不受一些影响概率判断的因素的影响,而且作为比较标准的"模式"是通过观察、个人经验或学习获得的,可能存在某些歪曲。比如,在代表性作用下,投资者坚持认为,好股票是好公司的股票,不好的股票是差公司的股票。在投资者的思想中,好公司代表成功公司,成功公司产生高盈利,进而导致高收益;差公司则正好相反。然而事实并非如此。这说明投资者利用代表性进行预测时,容易犯先入为主的错误,以至于出现预测偏差。

3. 锚定效应

在进行预测时,大多数人最初往往根据某个初值或参考值(锚定点)评估信息,接着根据进一步获得的信息或更详细的分析逐渐将评估结果调整到其真实数值。如果调整过程是充分的,就不会出现任何错误,但事实并非如此。不论以什么作为初值,初值都被赋予太大的权重,调整过程都是不充分的。不同的初值得到不同的偏向于初值的估计结果,这种现象被称为锚定。在证券市场上,由于存在锚定和调整,人们会比较保守,往往对盈利信息反应不足,未能根据盈利公布中的新信息,充分调整其盈利预测,常常导致预测区间设定得太窄,低估过度波动的概率或通货膨胀与通货紧缩的影响。

4. 过度自信

决策行为学的研究表明,人们有一种过度自信其有准确估计概率的能力的倾向。也就是说,估计者自认为的概率估计的准确性往往要高于其实际的准确性,结果是过高估计一系列事件的发生概率。在进行市场预测时,过度自信的人通常会设置过窄的预测置信区间,使其预测上限显得太低,预测下限显得太高,并且最好的预测不是位于预测上限和下限的中间位置。

5. 厌恶模糊性

厌恶模糊性是指人们不喜欢概率分布不确定的情形,即模糊性情形。人们在冒险时喜欢以已知的概率(具有风险性)而非未知的概率(具有不确定性)作为根据。厌恶模糊性的情感因素是害怕未知事件出现的不良后果。对未来不确定性的厌恶导致了投资者往往不愿意接受间歇性的波动,想不支付保险成本就获得保障。

6. 心理核算

人们表述决策问题的过程被称为心理核算。它说明了人们根据表面因素将特殊事件置于不同的思维分隔内。心理核算的一个重要特征是人们往往一次考虑一项决策，把目前的决策与其他的决策分开来看，缺乏整体观。投资者通过心理核算，借助心理账户把财富区分为不同的财富种类。即把投资分为"无风险"的安全部分和可能赚钱的"有风险"部分。人们一般将收入分为固定薪酬收入、资产收入和未来收入，并按照不同收入的现有价值来消费。在人们心目中，隐含着一种对划分在不同心理账户的资金不能完全可替代使用的想法，这种心理核算帮助人们进行储蓄并防止过去的储蓄被不明智地花掉，但也可能导致人们缺乏远见地厌恶损失、过度追求短期收益、不能使收入需要与投资组合的总收益挂钩以及投资过分保守等现象。

7. 自我控制

在金融市场上，不论是赢者还是输者都非常希望控制投资行为，实现理财目标。但是，由于多种因素的影响，常常出现控制幻觉、失去控制等偏差。当人们相信自己控制了情形而实际上未能控制时，就出现了控制幻觉。如果控制幻觉导致投资太大、低估风险，就会出现问题。失去控制现象出现的情景是，某人起初认为控制了特定事件或情形，或者至少能够对它产生强烈影响，但后来必须承认自己根本不能控制它。失去控制会导致严重的挫折、不确定，甚至是害怕和恐慌，投资者的情绪、信心和耐心在失去自我控制后往往会出现大幅度波动。从长期来看，不能控制证券交易的投资者将会从中退出，并在相对较长的时间内对交易没有信心。

8. 后悔规避

后悔规避是指为了避免后悔或失望，努力不作错误决策。人类有一种倾向，即在发现自己作出了错误的判断之后，往往会感到伤心、痛苦和有挫折感。人们为了规避后悔可能带来的痛苦，在面对不确定情况下的决策时，不愿意积极行动，以此使未来可能的后悔最小化。如投资者不愿意售出下跌的股票及时止损等回避损失而非规避风险的心态，就是为了避免感受因自己错误投资而导致的痛苦和后悔。同时，人们往往对于失败的事情讳莫如深，而对成功的事情则津津乐道。所以，往往忽视那些潜在的税收因素或是实际的收益，并认为所取得的投资业绩还会再现。

总体来讲，行为金融理论为我们揭示的个人投资者的行为特征和模式会对投资者的思想、行动和反应产生巨大的影响，也有助于我们了解在投资活动中投资者潜在的偏见、倾向性和人类的缺点，从而在实施投资决策时有意识地加以克服和纠正。

第三节　现代投资组合理论

现代投资组合理论(Mordern Portfolio Theory, MPT)是在新古典投资理论基础上发展起来的，是资产配置的理论基础。这一理论起源于马柯维茨(Markowitz)1952年在题为《资产组合的选择》的论文中提出的均值—方差分析方法。1959年马柯维茨出版了《证券组合选择》一书,详细论述了证券组合的基本原理,从而为现代西方投资理论奠定了基础。

马柯维茨模型是在资产配置的实践领域里常用的工具,它研究的是投资者应该选择哪些种类的资产作为自己的投资对象,以及对各种资产的投资数量应该占投资总额的多大比重,使得投资者在一定的风险水平上获得最高的收益,或在一定的收益水平上所承担的风险最小。各种风险水平下收益最大的组合称为有效组合,所有有效组合的集合就是组合的有效边界。它的目的是在给定投资者的风险收益偏好和各种证券组合的预期收益与风险之后,确定投资者的最优的风险收益组合关系,进而确定投资组合的构成;也就是在市场中有 n 种资产的情况下,研究如何将资金分配于这 n 种资产上才能够得到使投资者满意的最优证券组合。

一、基本理论假设

马柯维茨理论建立在下面五个假设前提的基础上:

(1) 呈现在投资者面前的每一项投资是在一段时期内的预期收益的概率分布,即投资者用预期收益的概率分布来描述一项投资。

(2) 投资者的目标是单期效用最大化,而且他们的效用函数呈现边际效用递减的特点。

(3) 投资者以投资预期收益的波动性来估计投资的风险。

(4) 投资者仅依靠预期的投资风险和收益来作出投资决定,所以他们的效用函数只是预期风险和收益的函数。

(5) 在给定预期风险水平后,投资者偏好更高的预期收益;另一方面,在给定预期收益后,投资者偏好更低的风险。

如果用期望均值 $E(R_i)$ 表示投资者对证券 i 未来收益的估计,用方差 σ_i^2 或标准差 σ_i 表示证券 i 未来收益的风险,那么,均值—方差模型根据投资者力求使收益最大和风险最小这两个相互制约的目标达到平衡的条件而得以建立。

二、证券组合及其风险分散

上一节已经说明,证券组合的风险可以用证券组合的预期收益率的方差来测量。如果用 σ_P^2 表示证券组合 P 的方差,则

$$\sigma_P^2 = E\{[R_P - E(R_P)]^2\} \tag{2.13}$$

在存在两种证券的情形下,设 R_{1j} 和 R_{2j} 分别表示证券 1 和证券 2 的第 j 个收益结果,$E(R_1)$ 和 $E(R_2)$ 表示证券 1 和证券 2 的预期收益率,X_1 和 X_2 分别表示投向证券 1 和证券 2 的资金比例,那么,由这两种证券构成的证券组合的风险就是

$$\begin{aligned}\sigma_P^2 &= E[R_P - E(R_P)]^2 = E[(X_1 R_{1j} + X_2 R_{2j})] - \{[X_1 E(R_1) + X_2 E(R_2)]\} \\ &= E\{X_1[R_{1j} - E(R_1)] + X_2[R_{2j} - E(R_2)]\}^2\end{aligned} \tag{2.14}$$

展开整理,可得

$$\begin{aligned}\sigma_P^2 &= X_1^2 E[R_{1j} - E(R_1)]^2 + 2X_1 X_2 E\{[R_{1j} - E(R_1)][R_{2j} - E(R_2)]\} \\ &\quad + X_2^2 E[R_{2j} - E(R_2)]^2 \\ &= X_1^2 \sigma_1^2 + 2X_1 X_2 E\{[R_{1j} - E(R_1)][R_{2j} - E(R_2)]\} + X_2^2 \sigma_2^2\end{aligned} \tag{2.15}$$

显然,$E\{[R_{1j} - E(R_1)][R_{2j} - E(R_2)]\}$ 就是证券1和证券2的收益协方差 σ_{12},故上式又可以简化为

$$\sigma_P^2 = X_1^2\sigma_1^2 + X_2^2\sigma_2^2 + 2X_1X_2\sigma_{12} \tag{2.16}$$

推而广之,如果在一般情形下,假设证券组合 P 由 n 种证券构成,其中每一种证券的风险是 $\sigma_i^2(i = 1, 2, \cdots, n)$,证券 i 和证券 j 之间的协方差为 σ_{ij},每一种证券的投资比例为 $X_i(i = 1, 2, \cdots, n)$,那么,由这 n 种证券构成的证券组合 P 的风险 σ_P^2 就可以用计算证券组合风险大小的一般公式求得

$$\sigma_P^2 = \sum_{i=1}^{n} X_i^2\sigma_i^2 + \sum_{i=1}^{n}\sum_{\substack{j=1 \\ j \neq i}}^{n} X_i X_j \sigma_{ij} \tag{2.17}$$

从该公式可以进一步考虑几种情况。

首先,如果所有的证券都不相关,那么,它们之间的协方差就等于零,证券组合风险为

$$\sigma_P^2 = \sum_{i=1}^{n} X_i^2\sigma_i^2 \tag{2.18}$$

其次,假定在每种证券上的投资比重相等,且各证券之间不相关,则证券组合风险为

$$\sigma_P^2 = \sum_{i=1}^{n} \left(\frac{1}{n}\right)^2 \sigma_i^2 = \frac{1}{n}\left(\sum_{i=1}^{n} \frac{\sigma_i^2}{n}\right) = \frac{1}{n}\overline{\sigma_i^2} \tag{2.19}$$

式中:$\overline{\sigma_i^2}$ 表示构成证券组合 P 的所有单个证券方差的平均值。n 越大,证券组合的方差就越小;当 n 趋向无穷大时,证券组合的方差 σ_P^2 就趋于零。这是一个一般的结论:如果有足够多的不相关证券,由它们构成的证券组合的方差就趋于零,即风险趋于零。

再次,如果证券组合中的证券相互之间有相关关系,即协方差不等于零,则有

$$\sigma_P^2 = \sum_{i=1}^{n} X_i^2\sigma_i^2 + \sum_{i=1}^{n}\sum_{\substack{j=1 \\ j \neq i}}^{n} X_i X_j \sigma_{ij} \tag{2.20}$$

然而,当 n 趋向无穷大时,上式变为

$$\sigma_P^2 = \sum_{i=1}^{n}\sum_{\substack{j=1 \\ j \neq i}}^{n} X_i X_j \tag{2.21}$$

最后,假定每种证券投资比例相等,证券之间有相关关系,即协方差不等于零,则有

$$\sigma_P^2 = \sum_{i=1}^{n}\left(\frac{1}{n}\right)^2\sigma_i^2 + \sum_{i=1}^{n}\sum_{\substack{j=1 \\ j \neq i}}^{n}\left(\frac{1}{n}\right)\left(\frac{1}{n}\right)\sigma_{ij} = \frac{1}{n}\sum_{i=1}^{n}\frac{\sigma_i^2}{n} + \frac{n-1}{n}\sum_{i=1}^{n}\sum_{\substack{j=1 \\ j \neq i}}^{n}\frac{\sigma_{ij}}{n(n-1)}$$

$$= \frac{1}{n}\overline{\sigma_i^2} + \frac{n-1}{n}\overline{\sigma_{ij}} \tag{2.22}$$

式中:$\overline{\sigma_i^2}$ 和 $\overline{\sigma_{ij}}$ 分别表示组合中各证券方差的平均值及各证券之间协方差的平均值。

当 n 趋向无穷大时,上式变为

$$\sigma_P^2 = \frac{n-1}{n}\overline{\sigma_{ij}} = \overline{\sigma_{ij}} \tag{2.23}$$

即资产组合的方差与各证券之间协方差的平均值相等。

由以上推导可以得出结论:证券投资组合中所包括的证券种类越多,投资越分散,理论

上整个组合的风险就越小。

三、投资组合理论的主要内容

马柯维茨投资组合理论认为,证券和证券组合的收益、风险可以用期望收益率、方差和标准差来加以衡量。面对多种可供选择的证券,投资者投资于每种证券的资金比例的变动将产生无数的可能性组合方案,每种方案都有对应的收益和风险。理性的投资者将选择并持有那些在给定的风险水平下期望收益最大化的投资组合,或那些在给定的期望收益水平下风险最小化的投资组合。

投资组合风险依赖于一个资产组合内部证券间的相关系数以及其对整个投资组合总体风险的影响,也就是说,投资组合内证券相互变化的方式影响着投资组合的总体方差,从而影响总体风险。这种变化关系可以用协方差和相关系数来度量。通过对每种证券的期望收益、方差和协方差的计算,可以构建出有效的投资组合。投资组合理论在理论上证明了分散投资的原理,即:较大风险的单个证券可以通过有效的组合,在保持收益的同时大大降低风险。

以资产组合的预期收益率 $E(R_P)$ 为纵轴,标准差 σ_P 为横轴,在二维空间上有效边界是一条凹曲线(见图2.1)。这条曲线表明风险和收益的关系是交替的,即:预期风险越高,预期收益率也越高。投资者只需在有效边界上选择证券组合,就可实现预期效用最大化。

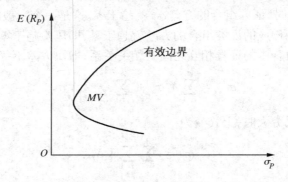

图 2.1 马柯维茨有效边界

但是,在实践中,投资组合理论也存在诸多局限。①由于历史数据通常不会重复出现,证券的各种变量随着时间的推移也会经常变化,因此证券间的相互关系不可能一成不变。②形成一个组合,要求相当复杂的计算方法并且由计算机操作来建立,加上大量不能预见的事件,证券市场每有变化,就必须对现有组合中的全部证券进行重新评估,以保持所需风险—收益均衡关系,因此需要连续不断的大量数学计算工作,这在实践中不但操作难度太大,而且还会造成巨额浪费。③目前,全球可投资的主要证券类型有限,因此投资组合理论的实践领域主要集中在资产配置决策方面。尽管如此,投资组合的管理机构都在极大限度地运用资产组合模型以开发最适合的资产组合来实现投资者的目标,这个过程同投资组合理论的理念完全相符。

四、资本资产定价理论

上文的分析表明,为了确定有效的资产组合,需要获知可供考虑的每种证券的预期收益率、方差和每一对证券的相关系数等数据资料,计算量非常庞大,应用中的困难很大。夏普(Sharp)于1963年发表了《证券组合分析的简化模型》一文,提出了资本资产定价模型(CAPM)。该理论以一系列假设条件为前提:

(1) 投资者是厌恶风险的,其目的是使预期收益达到最大。
(2) 所有的投资者对所有证券的均值、方差都有相同的估计。
(3) 不考虑税收因素的影响。
(4) 完全的资本市场。
(5) 存在无风险资产,投资者可在无风险利率下进行无限制的借贷。
(6) 资本市场处于均衡状态。

观察证券市场可以发现:当市场价格上涨时,大部分股票的价格也上涨;当市场价格下跌时,大部分股票的价格也下跌。这说明,股票的价格除了受本身特定因素的影响外,还受某些共同因素的影响,而后者往往通过市场变化反映出来。资本资产定价理论将一个证券的预期收益分解成两部分:由市场决定的部分和由市场以外的因素决定的部分。前者依赖于市场,后者独立于市场,两部分之间不存在直接的相关关系。

当存在无风险资产,并且所有投资者都能以无风险利率 R_f 无限制地借贷时,马柯维兹意义上的均值方差有效集变成了一条直线。这条直线是由无风险利率向马柯维兹的有效边界引出的一条切线,称为资本市场线(Capital Market Line,简称CML),见图2.2。图中,切点 M 表示市场投资组合,截距表示无风险利率。资本市场线描述了市场均衡时,有效资产组合的预期收益率和风险之间的线性关系。其中,有效资产组合的风险用标准差来衡量,它反映了收益率的总变动。非有效的资产组合都落在这条直线之下。

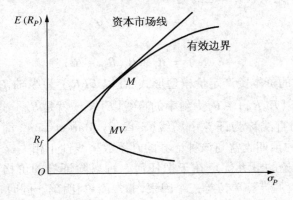

图2.2 资本市场线

资本市场线的函数表达式如下:

$$E(R_P) = R_f + \frac{\overline{R}_M - R_f}{\sigma_M}\sigma_P \tag{2.24}$$

式中：$E(R_P)$ 为有效投资组合 p 的期望收益率；R_f 为无风险收益率；$\overline{R}_M$ 为市场组合的期望收益率；σ_M 为市场组合的标准差；σ_P 为有效投资组合的标准差。

CML 的斜率 $\dfrac{E(R_P) - R_f}{\sigma_M}$ 是市场投资组合和无风险证券两者的预期收益率之差 $E(R_M) - R_f$，除以两者的风险之差 $\sigma_M - 0$。它表示当有效证券组合收益率的标准差增加一个单位时，预期收益率应增加的数量，即每单位市场风险的收益率，又称为市场风险价格。

CML 表明了均衡状态下有效资产组合的预期收益率和风险之间的关系：随着风险的增加，期望收益率也将增加。这种关系表明，有效投资组合中的非系统性风险已经被完全分散，剩下的只有可以带来收益的系统性风险，有效投资组合的风险就是投资组合的标准差。但是对于单个证券，总是包括系统性风险和非系统性风险，非系统性风险并不能获得风险补偿，只有单个证券中对系统性风险有贡献的部分才能获取收益。因此，CML 中有效资产组合的预期收益率和风险之间的关系对单个证券资产并不成立。单个证券资产的预期收益率只和该证券与市场组合的协方差相关。在市场均衡状态下，单个证券的收益率与市场风险（系统性风险）之间存在线性关系。由于投资者需要承受额外的风险，因此他将需要在无风险回报率的基础上多获得相应的溢价。

用公式可以表示为

$$E(R_i) = R_f + \frac{\overline{R}_M - R_f}{\sigma_M}\sigma_{iM} \tag{2.25}$$

式中：$E(R_i)$ 为单个证券 i 的期望收益率；R_f 为无风险收益率；$\overline{R}_M$ 为市场组合的期望收益率；σ_M 为市场组合的标准差；σ_{iM} 为单个证券 i 与市场组合风险的协方差。

由于单个证券的 β_i 系数计算公式为

$$\beta_i = \text{cov}(i, m)/\sigma_m^2 \tag{2.26}$$

因此有

$$E(R_i) = R_f + \beta_i(\overline{R}_M - R_f) \tag{2.27}$$

这就是我们常见的资本资产定价模型形式。在以 $E(R_i)$ 为纵轴，β_i 为横轴的平面上，这是一条以 R_f 为截距，以 $E(R_M) - R_f$ 为斜率的直线[$E(R_M)$ 就是 $\overline{R}_M$]。这条反映 β 值与预期收益率之间均衡关系的直线称为证券市场线（Security Market Line，简称 SML）（见图 2.3）。SML 表明，一种证券的预期收益与该种证券的 β 系数呈线性正相关。

资本资产定价理论的最大优点在于把任何一种风险证券的价格都划分为无风险收益率、风险的价格和风险的计算单位等三个因素，非常简单、明确。同时，投资者可以根据绝对风险而不是总风险来对各种金融资产作出评价和选择。这种方法已经被广大投资者采纳，用来解决理财决策中的问题。

但是，资本资产定价理论也存在一些局限。① 应用 β 分析法的投资者愿意接受与市场相等或接近的收益率，排除了投资者获取高于市场平均水平的收益的可能性。这种方法否

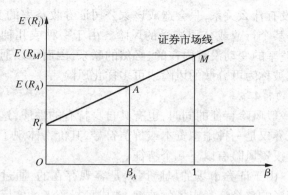

图 2.3 证券市场线

定了证券选择和专家能力。事实证明,建立在大量调研基础上的资产类别组合能够取得更高的收益。② β 值难以确定。由于缺乏证券历史数据,β 值不易估计。同时,由于经济的发展变化,各种证券的 β 值也会相应发生变化。因此,依靠历史数据估算的 β 值的指导作用也要打折扣。③ 理论假定股票市场是均衡的,而且所有投资者对于股票的预期都是相同的,但事实并非如此。在证券投资中,有所谓"最后乐观的投资者"和"最后悲观的出卖者",这类现象很难用资本资产定价理论加以阐释。

第四节 风险和收益的关系

投资者在投资实践中已经清楚地认识到:不同类别资产产生的收益有着巨大的差异,同时,风险和收益之间在长时间内存在着很高的相关性。因此,投资者在作出投资决策前需要认真考察不同类型资产的收益和风险,认识和理解两者之间的关系,并进行风险和收益的度量。

一、风险及风险的度量

1. 风险的含义

风险一般是指在特定条件下和特定时期内可能发生的各种结果的变化程度,也就是损失的不确定性。证券投资的风险是由于未来的不确定性而产生的预期收益损失的可能,具体表现为实际收益率和预期收益率之间的离差。风险和不确定性是有区别的:风险是指事前可以预知所有可能的结果以及每种结果出现的概率;而不确定性是指事前不知道所有可能的后果,或者知道了后果但是不知道它们出现的概率。

从投资主体来看,风险可以划分为系统性风险和非系统性风险。系统性风险是指由全局性事件引起的投资收益率变动的不确定性。系统性风险对所有公司、企业、证券投资者和证券种类均产生影响,因而通过多样化投资不能抵消这样的风险,所以又称为不可分散风险或不可多样化风险。非系统性风险是指由非全局性事件引起的投资收益率变动的不确定性。在现实生活中,公司的经营状况会受其自身因素(如决策失误、产品研发失败)的影响,这些因素跟其他企业没有什么关系,只会造成该家公司证券收益率的变动,不会影响其他公司的证券收益率,它是某个行业或公司遭受的风险。由于一种或几种证券收益率的非系统性变动跟其他证券收益率的变动没有内在的、必然的联系,因而可以通过证券多样化方式来消除这类风险,所以又被称为可分散的风险或可多样化风险。

2. 证券投资风险的特征

投资风险在具备一般风险特征的同时,也有其自身特有的性质,这主要是由股票证券的特殊性所决定的,即证券仅是一种虚拟资本或价值符号,其价格体现了投资者对未来收益的预期。具体来看,证券投资风险有以下几个特征。

(1) 客观存在性。由于证券市场的风险因素是客观存在的,通过在时间和数量上的积累,引发风险事故从而影响整个证券市场的波动,造成了投资者的实际收益与预期收益的偏差,所以投资风险也是客观存在的,不以投资者的主观意志为转移。在证券市场的投资活动中,人们通常所说的"风险防范",也是在承认证券投资风险客观存在的前提下,再来设法规避和管理风险。

(2) 不确定性。由风险因素触发的风险事故,会引起投资者心理预期的改变,从而造成市场价格的波动,并进而对投资收益产生影响,具体表现为实际收益相对于预期收益的偏差。偏差可能是正的(高于预期),也可能是负的(低于预期),因此,投资风险具有不确定性。

(3) 可测度性。尽管投资风险具有不确定性,但我们仍然可以通过一定的方法来对其大小进行测度。从统计学的角度来看,投资风险是实际收益与预期收益的偏离程度,偏离程度越高,风险越大;偏离程度越低,风险越小。同时,我们可以运用一定的统计方法对搜集的历史数据进行计算,从而实现这种偏离程度的量化。

(4) 相对性。投资风险是相对的。由于投资者的风险偏好不同,他们对风险也会采取不同的态度:风险承受能力强的为获取高收益而敢于承担高风险,风险承受能力弱的为避免风险而宁可选择低收益的投资。因此,同等程度的证券投资风险在不同投资者看来,有的会觉得很高,而有的会认为很低。

(5) 危害性。虽然投资风险总是会给投资者的实际收益带来一定的不确定性,但当可能发生的损失和收益与投资者的预期偏差过大时,投资风险就具有一定的危害性。当证券价格波动幅度过大时,容易引发过度的投机行为,投资者在盲目追涨的同时,往往会蒙受惨重的损失。另外,随着证券市场内在风险的进一步积累和扩大,可能会引发金融风暴和经济危机,对国家的社会、经济、政治的稳定造成极大的危害。

(6) 可防范性。尽管投资风险是客观存在的,同时又具有不确定性,甚至达到一定程度后会具有危害性,但仍然可以采取科学的方法来防范和规避投资风险,尽可能避免或减小风险带来的损失和危害。比如,投资者可以借鉴现代投资组合理论,利用分散化投资来降低投资组合的风险;同时,他们也可以通过做空机制来对冲证券市场价格下跌所带来的风险。政府可以通过改革现行制度、加强监管力度,尽可能地消除和控制过度投机。

3. 投资风险的度量

在确定性情况下,收益率是进行投资决策的最好依据;在不确定情况下,仅仅依靠预期收益率一个指标来判断证券的优劣并进行投资决策是不够的,投资者还必须考虑不能实现预期收益的风险。在证券投资中,实际收益率通常不等于预期收益率,它可能高于或低于预期收益率,而两者之间的差距越大,不能实现预期收益率的可能性也越大,投资的风险也就越大。这样,证券实际收益率围绕预期收益率的波动程度便成为判断证券优劣的重要指标。对投资风险的衡量需要用到概率论和统计学知识,具体衡量过程如下。

（1）单个证券投资风险的度量。对于单个证券投资风险的度量,其方法主要有：方差或标准差、价差率以及差异系数等。

① 方差或标准差。方差是一组数据中的任一随机值与该组数据平均值之差的平方加总后求出的平均值。由于证券收益通常呈现出正态分布特征,一种证券的收益水平在不同年份会低于或高于若干年份的平均水平。证券收益的方差反映了该证券任一投资回报率与其平均回报率的差,衡量了证券投资收益率的波动性,是证券投资全部风险的表征。因为投资风险的大小及变动情况与证券价格或收益率的大小及变动情况基本上是一致的,所以可以用证券价格或收益率的方差即变动程度来衡量其风险的大小。方差越大,表明风险越大；反之,则表示风险越小。标准差是方差的平方根,其反映风险的情况与方差是一样的。

如果用 σ_i^2 表示证券 i 的收益的方差,用 σ_i 表示标准差,则风险的计算方法如下：

$$\sigma_i^2 = \sum_{j=1}^{m} P_{ij}[R_{ij} - E(R_i)]^2 \tag{2.1}$$

$$\sigma_i = \sqrt{\sum_{j=1}^{m} P_{ij}[R_{ij} - E(R_i)]^2} \tag{2.2}$$

式中：R_{ij} 表示证券 i 在第 j 期的收益；$E(R_i)$ 表示证券 i 的期望收益；P_{ij} 表示证券 i 出现第 j 期收益的概率。

② 价差率。如果将投资风险看作证券价格可能性的波动,那么价差率也可以作为衡量股票等证券风险的一个较好指标。计算公式如下：

$$价差率 = 2 \times (最高价 - 最低价)/(最高价 + 最低价) \tag{2.3}$$

价差率越大,代表风险也越大；反之,则代表风险越小。需要说明的是,为了尽量克服短期因素的影响,就应该考察一段时期内的平均价差率,以此较为全面地了解情况。

③ 差异系数。一般来说,当两种类型证券的期望收益相差不大时,可以用标准差对风险度进行度量,标准差比较小的证券被认为风险较小。当两种证券的期望收益率相差较大时,则需运用差异系数(CV）来评价风险。差异系数实际上就是某种证券的单位期望收益所承受的风险,即：

$$CV = 某种证券收益的标准差 / 该种证券的期望收益$$

（2）证券组合投资风险的度量。投资者往往会选择不同的证券作为投资对象,将资产进行分散投资。度量证券组合投资风险的指标主要有：预期收益的方差或标准差、β 系数等。

① 预期收益的方差或标准差。在证券组合中,投资者不仅能在多种证券之间进行选择,而且可以将资金按不同的搭配方式投放在这几种证券上。每种搭配就是一种证券组合、一种可供选择的机会。与预期收益不同,证券组合的风险并不等于组合中单个证券风险的加权平均值,其风险水平不仅取决于组合中各种证券的风险,而且还取决于它们之间相互关联的程

度。这种相关程度可以用统计学上的协方差或相关系数来表示。

A. 协方差。协方差度量两个随机变量之间的相关程度。如果用 $R_{1j} - E(R_1)$ 表示证券1的收益离差，$R_{2j} - E(R_2)$ 表示证券2的收益离差，则证券1和证券2收益的协方差（用 $\sigma_{1,2}$ 表示）就可定义为两种证券收益离差乘积的期望值，用公式表示即为

$$\sigma_{1,2} = E\{[R_{1j} - E(R_1)][R_{2j} - E(R_2)]\} \tag{2.4}$$

协方差可以取正值，也可以取负值。协方差取正值，表明证券1的收益和证券2的收益有相互一致的趋向：一种证券的收益高于（低于）预期收益，另一种证券的收益也高于（低于）预期收益；协方差取负值，表明证券1的收益和证券2的收益有相互抵消的趋向：一种证券的收益高于（低于）预期收益，而另一种证券的收益低于（高于）预期收益。如果两种证券收益结果的变化方向之间无任何关系，则其协方差等于零。

B. 相关系数。由于不同资产组合的规模存在差异，无法根据协方差的大小比较两个组合之间的风险水平。为了方便计算，一般情况下，可以通过把协方差标准化，用相关系数来代替协方差。如果用 σ_i 和 σ_j 分别表示证券 i 和证券 j 的标准差，σ_{ij} 表示这两种证券之间的协方差，用 ρ_{ij} 表示两种证券之间的相关系数，则相关系数用公式可表示为

$$\rho_{ij} = \sigma_{ij}/\sigma_i\sigma_j \tag{2.5}$$

也就是说，相关系数是协方差除以两种证券标准差乘积的商。相关系数仍然保持着协方差的性质，只是其取值范围被限制为 -1 到 1 之间的无量纲值，这便于比较两种证券之间的关系。当 $0 < \rho_{ij} \leq 1$ 时，两种证券之间存在正相关关系，ρ_{ij} 越接近1，正相关性越强，等于1时为完全正相关；ρ_{ij} 越接近0，正相关性越弱。当 $-1 \leq \rho_{ij} < 0$ 时，两种证券之间存在负相关关系，ρ_{ij} 越接近 -1，负相关性越强，即两种证券之间的风险抵消幅度越大；ρ_{ij} 越接近0，负相关性越弱，即相互抵消幅度越小。当 $\rho_{ij} = 0$ 时，两种证券之间互不相关。

C. 资产组合的方差。假设一个证券组合 P 中有 n 种证券，R_P 为证券组合某个可能的收益率，$E(R_P)$ 代表整个组合的期望收益率，每种证券所占的比重依次为：$W_1, W_2, \cdots, W_n$，而 $\sigma_1^2, \sigma_2^2, \cdots, \sigma_n^2$ 分别表示证券组合中各种证券的预期收益的方差，cov_{ij} 表示各证券之间的协方差，以 σ_P^2 表示证券组合的预期收益的方差，则有

$$\sigma_P^2 = E\{[R_P - E(R_P)]^2\} = W_1\sigma_1^2 + W_2\sigma_2^2 + W_n\sigma_n^2 + 2W_1W_2\text{cov}_{12} + 2W_2W_3\text{cov}_{23}\cdots$$
$$+ 2W_{(n-1)}W_n\text{cov}_{n(n-1)}$$
$$= \sum_{i=1}^{n}\sum_{j=1}^{n}W_iW_j\text{cov}_{ij} \tag{2.6}$$

由上述公式可以计算出证券组合投资的风险。这个值越大，说明证券组合的风险就越大，反之，则风险越小。

例如：资产组合 P 中包括三种证券，三种证券的投资金额占总投资金额的比例依次为 $W_1 = 0.2, W_2 = 0.5, W_3 = 0.3$，对应的期望收益率分别为 $E(W_1) = 12\%, E(W_2) = 8\%, E(W_3) = 16\%$，三种证券的方差和协方差由下列协方差矩阵列出：

$$\begin{pmatrix} 35 & 43 & 28 \\ 43 & 67 & 59 \\ 28 & 59 & 50 \end{pmatrix} \tag{2.7}$$

我们可以据此求出这个投资组合的期望收益率和标准差:

期望收益率
$$E(R_P) = \sum_{i=1}^{3} W_i E(R_i)$$
$$= 0.2 \times 12\% + 0.5 \times 8\% + 0.3 \times 16\%$$
$$= 11.2\%$$

组合协方差
$$\sigma_P^2 = \sum_{i=1}^{3} \sum_{j=1}^{3} W_i W_j \text{cov}_{ij}$$
$$= (0.2)^2 \times 35 + (0.5)^2 \times 67 + (0.3)^2 \times 50 + 2 \times 0.2 \times 0.5 \times 43$$
$$+ 2 \times 0.2 \times 0.3 \times 28 + 2 \times 0.5 \times 0.3 \times 59$$
$$= 52.31$$

则标准差 $\sigma_P = \sqrt{52.31} \times 100\% = 7.23\%$

② β 系数。证券的 β 系数即证券收益率相对于基准市场指数波动的敏感度,用以衡量单个证券或者证券组合的系统性风险水平的大小。单个证券的 β 系数的计算公式为

$$\beta = \text{cov}(i,m)/\sigma_m^2 \tag{2.8}$$

式中:$\text{cov}(i,m)$ 表示证券 i 与市场的协方差;σ_m^2 表示市场的方差。这个系数反映了该证券对市场风险的敏感程度,是与整个市场的风险相比较的一个相对指标。研究证明,一个证券投资组合的 β 系数等于该组合中的各个证券的 β 系数的加权平均值,权重就是各证券的投资额比例。

β 系数帮助把一种证券的整个风险分为市场风险和特别风险,即系统性风险和非系统性风险,代表了该种证券在整个投资组合风险中的比例。如果 $\beta = 1$,则说明该种证券的风险与证券市场总体所有证券组合的风险完全一致;如果 $\beta > 1$ 或 $\beta < 1$,则分别说明该种证券的风险比证券市场总体所有证券组合的风险更大或更小;$\beta = 0$,则说明该种证券是一种无风险的证券。对于一个多种证券的持有者,他持有的证券总体的 β 值,是总量中各种证券 β 值的加权平均数。根据这个原则,只要计算出证券组合的 β 值,就可以得到该组合的相对投资风险。

二、收益及收益的度量

1. 收益的含义

所谓投资收益,就是投资者通过投资所获得的财富增加。收益来自两个方面:由资产价格变化所产生的资本利得和持有资产期间所获得的现金流。

2. 投资收益的衡量

(1) 无风险收益率。

无风险收益率是指把资金投资于一个没有任何风险的投资对象所能得到的收益率。一般会把这一收益率作为基本收益,再考虑可能出现的各种风险。无风险收益率的大小由纯粹利率(资金的时间价值)和通货膨胀补偿率两部分组成。即:

无风险收益率 = 资金时间价值(纯利率) + 通货膨胀补偿率

无风险收益率的确定在投资业绩评价中具有非常重要的作用,各种传统的业绩评价方

法都使用了无风险收益率指标。在国际上,一般采用短期国债收益率来作为市场无风险收益率。

(2) 预期收益率。

预期收益率也称为期望收益率。证券投资收益往往具有较大的不确定性,可以用证券投资的期望收益率这一指标来加以度量。

① 单个证券投资的期望收益率,就是证券投资的各种可能收益率的加权平均数,以各种可能收益率发生的概率为权数。采用这一计算方法的基本前提是,能够较好地描述影响收益的各种可能情况、各种情况的概率及收益的大小。其计算公式如下:

$$E(R) = \sum_{i=1}^{n} P_i R_i \qquad (2.9)$$

式中:$E(R)$ 表示期望收益率;P_i 表示出现第 i 种情况的概率,$0 < P_i < 1$,$\sum P_i = 1$;R_i 表示第 i 种情况下的收益率。

② 证券组合的预期收益率,可以用所包含的各种证券的预期收益率的加权平均数来表示。用公式表示为

$$E(R_P) = \sum_{i=1}^{n} X_i \cdot E(R_i) \qquad (2.10)$$

式中:$E(R_P)$ 表示证券组合 P 的预期收益率;$i = 1, 2, 3, \cdots, n$,表示证券组合 P 是由 n 种不同的证券构成;X_i 表示在证券组合 P 中证券 i 所占的比重;$E(R_i)$ 仍表示证券 i 的预期收益率。

(3) 到期收益率。

到期收益率是指使得从证券上获得的收入现值与其当前市场价格相等时的利率水平。到期收益率是一个全期利率,换言之,到期收益率的概念实际上就是假定投资者能够持有证券直至到期日为止。到期收益率考虑到了如下因素:购买价格、赎回价格、持有期限、票面利率以及利息支付间隔期的长短等。

$$到期收益率 = [I + (M - V)/n] / [(M + V)/2] \times 100\% \qquad (2.11)$$

式中:M 表示面值;V 表示证券市价;I 表示年利息收益;n 表示持有年限。

(4) 持有期收益率。

持有期收益率是指投资者在一定投资期间内持有某一证券所获得收益与初始投资的比率。持有证券所获得的收益,通常会包括两部分,即持有期间所获得的利息或股利和证券转让的价差收益。

$$持有期收益率 = (持有期间所得的股息或股利 + 投资的期末价值 - 投资的期初价值)/投资的期初价值 \times 100\% = 持有期间所得的股息或股利/投资的期初价值 \times 100\% + (投资的期末价值 - 投资的期初价值)/投资的期初价值 \times 100\% = i + g \qquad (2.12)$$

式中:i 为本期利息收益率;g 为资本利得率。

当投资者的持有期与到期日一致时,由于没有资本利得与资本损失,所以到期收益率等于持有期收益率。

三、风险和收益的关系

投资者为了预期的未来收益而投资,但是风险总是和收益相伴而生。

1. 资产类别不同决定风险数量不同

投资于证券的风险因证券种类的不同而异。投资于期限在1年以内的短期国库券是无风险的,既无遭拒付的风险,也基本上没有因通货膨胀而产生实际收益下降的风险;若投资于中长期国库券,则虽然没有遭拒付的风险,但却有因通货膨胀而产生实际收益下降的风险。投资于公司债券和股票的风险就更高一些,既有遭拒付的风险,也有因通货膨胀和公司经营状况波动而产生实际收益下降的风险。

2. 风险类别不同决定对收益的影响不同

前已述及,风险分为非系统性风险和系统性风险两类。前一类风险可以通过投资多样化来减少或消除。有实践表明,选择10种以上股票构成证券组合就可以基本上消除非系统性风险。因此,这一风险并非是必须承担的。在一个较完善的市场里,承担这一风险不能获得任何收益补偿。后一类风险则与整个经济的变动相关,公司的盈利状况随着整个经济的波动而变动,它是投资者必须承担的风险。在一个较完善的市场里,它可以得到收益补偿。

3. 投资者偏好决定收益中的风险比例

如前所述,证券投资的预期收益可以分为两个部分:一部分是投资人为推迟消费现时收入而要求的时间因素补偿,另一部分是投资人把现时实在的收入变成未来不确定的收入而要求的风险因素补偿。在市场条件下,前者称为时间的价格,后者称为风险的价格。前者相当于机会成本,对任何投资者都是相同的;而后者取决于投资者喜好,即投资者的风险厌恶程度。

对风险厌恶程度低的人,可以选择承担较多的风险,从而要求在收益中有较大的风险补偿;而对风险厌恶程度高的人,将选择承担较少的风险,从而所要求的对风险的补偿也小。投资人投资决策的过程,就是根据其对风险的反感程度在资产的收益和风险之间进行权衡的过程。

举例来看,表2.1列出了1926—1993年期间美国的国际股票类、国内股票类、长期债券和国库券的有关数据。注意国际股票在同期内与美国股票相比具有较高的回报率,同时其方差也较大。国际股票与国内股票回报率之间的相关性相对较低,而国际股票与长期债券和国库券在同一时期内几乎不相关。

表2.1 美国四种资产类型的风险—回报率数据

资产类型	回报率平均值(%)	标准差(%)	相关系数			
国际股票	15.5	30.3	1.0	—	—	—
国内股票	12.3	20.5	0.56	1.0	—	—
长期债券	5.4	8.7	0.22	0.14	1.0	—
国库券	3.7	3.3	−0.25	−0.05	0.24	1.0

资料来源:SBBI Yearbook, Ibbotson Associates, Chicago, 1994。

本 章 小 结

1. 有效市场理论是现代资本市场理论体系的重要基石之一,许多重要的金融投资理论,如资本资产定价模型、套利定价理论等都建立在有效市场理论的基础之上。根据"历史信息"、"公开信息"和"内部信息"的不同,一般可区分弱有效、半强有效和强有效等三种不同效率的市场。

2. 证券投资的风险是由于未来的不确定性而产生的预期收益损失的可能,具体表现为实际收益率和预期收益率之间的离差。单个证券投资风险的度量,其方法主要有:方差或标准差、价差率以及差异系数等。度量证券组合投资风险的指标主要有:预期收益的方差或标准差、β 系数等。

3. 投资组合理论在理论上证明了分散投资的原理,即:较大风险的单个证券可以通过有效的组合,在保持收益的同时大大降低风险。

4. 在复杂的投资活动链条中,不仅是投资者个人的理性和知识在起作用,个人的情感和心理也会对投资活动产生巨大的影响,从而使得投资者个人的行为并不符合有效市场理论中的经典假设,表现为个人的非理性行为。根据行为金融理论,金融市场上个人参与者通常借助一些直觉和框架来作出判断,易得性、代表性、锚定效应、过度自信、厌恶模糊性、心理核算、自我控制、后悔规避等心理现象有助于理解个人非理性行为的产生,并帮助人们在实施投资决策时有意识地加以克服和纠正。

第三章 金融理财规划的工作流程

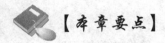
【本章要点】

> 本章首先从影响投资决策的因素入手,介绍金融理财规划的财富约束条件分析,重点是它与投资者的理财需求的关系。第二节通过分析理财规划的投资环境因素,系统介绍了宏观经济、金融市场周期等外部经济金融因素对理财规划的影响。第三节分析了金融理财规划中的资产配置,包括资产配置的主要类型,资产配置的风格、策略和投入。最后在资产配置的基础上,介绍了理财规划中资产配置的基本方法。

第一节 财富约束与理财需求分析

在理财投资的过程中,宏观经济环境、微观市场结构、投资者的偏好、风险承受能力、财富水平等因素都是影响投资者进行资产分配的重要因素,包括投资者的投资历史、现状和对未来的预期都决定了投资的类别和风格。在这些影响因素当中,核心因素是投资者的财富水平,这也是金融理财规划分析的第一步。基于这个重要因素,我们分析不同财富约束水平下的投资理财需求。

一、影响理财决策的因素

一般来讲,理性投资人在作出投资决策安排时考虑的因素包括三个方面:首先是投资者的特性,即对于投资组合时间跨度、价值波动和损失的承受能力;其次是投资前景,即对于投资对象特定收益、风险情况的了解和把握程度,以及对于实现预定投资业绩的信心程度;再次是投资机遇情况,即如何根据具体情况,灵活配置投资组合中核心与非核心资产类别的比例和数量。具体来看,影响投资决策的重要因素由投资者特性、投资前景和投资机遇等三个主要方面构成,如图3.1所示。

1. 投资者特性

投资者特性包括投资者的财富水平、投资组合的时间期限以及投资者的风险承受能力。

而在这些影响因素中,投资者的财富水平是最直接、最关键的影响因素,其他所有的投资决策都受到投资者财富水平的影响。具体包括:

(1) 投资者的财富水平;

(2) 整个投资组合的时间跨度和周期;

(3) 投资者的风险承受能力,即所能承受的资产收益波动性或价值损失程度。

2. 投资前景

投资前景主要受宏观经济形势、金融市场发展水平和国际投资环境的影响,包括投资者的投资信心和对风险承受的信心。具体包括:

(1) 对于投资资产类别来说,投资者对未来经济的走势和发展的信心;

(2) 投资者对于投资资产类别的投资收益、风险以及它们之间相关性的确信程度。

3. 投资机遇

投资机遇与投资者的投资策略相关,主要受到投资者的历史投资业绩、投资风格等方面的影响,包括投资资产的类别和数量。具体包括:

(1) 保持本金安全还是维持较高收益增长率的程度;

(2) 投资某一资产类别的比例、数量和期限。

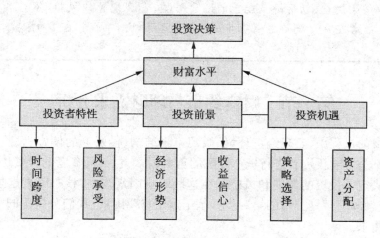

图3.1 影响投资决策的主要因素

从可选择的金融工具来看,投资者的选择范围很广,包括股票、债券、基金、房地产、外汇、黄金、保险等。理性的投资者会综合考虑影响投资决策的各类因素,根据资产组合模型选择资产类别,确定各类资产在组合中的比例,并对投资组合中各类权重资产进行时间管理,从而确定理财规划方案,并予以实施。

二、财富约束和理财需求分析

财富水平对投资决策有举足轻重的作用,因此,我们分析理财规划的第一步,就是从投资者的财富水平出发,分析投资者的投资需求,也就是在财富水平的预算约束下,使得投资者的效用达到最大的需求分析。投资者财富的增加并不是一蹴而就的,而是需要经历一个积累的过程,这个过程与投资者自身的财富水平和生活需求等多方面因素相关。我们根据投资者财富积累的过程,将财富水平的增加过程分为三个阶段:财富播种阶段、财富建设阶段和财富实现阶段(如图3.2所示)。

对于不同的财富水平,会产生不同的投资需求。从投资者的生命周期来看,一个普通的投资者通常会经历图3.2中的一个或多个财富阶段。

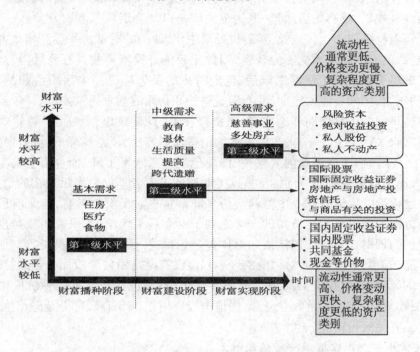

图 3.2　财富阶段与理财需求

资料来源:〔美〕戴维·M·达斯特:《资产配置的艺术》,李康等译,上海人民出版社2005年版,第17页。

1. 基本需求——财富播种阶段的理财需求

投资者最原始的财富积累阶段被称为财富播种阶段。由于这一阶段初始财富量较少,因此风险承受能力较弱,投资者主要关心的是衣、食、住、行等基本生活需求,如住房条件的改善、饮食问题、穿着配搭以及医疗卫生条件、人身保险、意外保险、疾病保险等基本生活需求。

在满足了这些基本需求之后,多余的资本用来进行投资。结合中国社会的现实情况,当一个刚大学毕业的年轻人工作相对稳定后,他的需求首先是买房,解决了住的问题才谈其他需求。"男大当婚,女大当嫁",接下来要考虑的问题自然是婚姻问题。在这些需求基本满足以后,再考虑是否换更大的房子、更换交通工具等。这样的投资者应该考虑那些容易理解,并且流动性较高的资产。这些资产包括现金等价物、国内股票、国内固定收益证券等,投资者可以直接持有或者通过购买基金的形式持有。也就是说,这个投资群体大多数是风险厌恶者,很少涉足高风险、高收益的投资产品,流动性高(能够快速变现而不受损失)、保守型收益的投资理财产品是他们的首选。

2. 中级需求——财富建设阶段的理财需求

当投资者积累了部分原始资金,满足了衣、食、住、行等基本需求后,往往已经具有一定的投资经验,因此在收益和风险控制方面相对比较理性、成熟。此时,他们的理财需求逐步扩大到包括教育规划、提高生活质量、退休金的准备以及为后代积累财富等。一般来讲,这一阶段的投资者投资理念比较成熟,年龄也处于中年,他们的财富水平逐渐增加并已达到生命周期的顶峰,他们的风险承受能力较强,因此比较偏好投资那些具有高风险、高收益的投资产品。在满足了基本的生活需求以后,他们考虑的是怎样提高生活质量和品位,缓解工作、生活中的压力,比如一家人定期旅游,满足精神和物质的双重质量要求。

根据莫迪里安的生命周期理论假说,消费存在着"棘轮效应"。所谓"棘轮效应",是说在一定的财富水平约束下,一个人想提高他的消费水平容易,但是要降低他的消费水平却较难,因为对于一个习惯了高消费的人来说,即使他的收入水平下降,他也不会马上降低现在的消费水平,而会继续保持原有的标准。这类聪明的投资者不仅要满足现在的消费水平,同时也在为自己以后的生活打算。中国社会历来非常重视对子女的教育,这个阶段的投资者在子女教育方面的需求是相当迫切的。考虑到子女今后上大学、读研究生或是出国攻读学位,因此,他们的理财投资资产包括诸如退休养老金保险、子女的教育投资等。他们投资的资产类别可能扩展到更多种类,对风险的厌恶程度没有财富播种阶段那么强烈,而是可以承受一定限度的风险,因此投资的品种也更加多样化,不仅包括在财富播种阶段中提到的资产,还包括国际股票、国际固定收益证券、房地产投资信托(REITs)、部分金融衍生产品,甚至还包括与商品有关的投资等。

3. 高级需求——财富实现阶段的理财需求

财富实现阶段对投资者来说是一大飞跃,这一阶段通常会有相当巨大的财富升值。投资者获得大量的财富,可能是通过公司并购、发行上市或者遗产继承之类的变现活动。他们的需求可能将扩大到包括慈善事业、房产维护和企业经营管理等。在这一阶段,投资者可能会考虑投资于更大范围内的资产,而不仅仅是投资于前面两个阶段内的资产。他们对市场风险和流动性风险的承受能力最强,也能获得许多信息,这些信息能够帮助他们投资那些具有高收益的项目。这类投资者的期望回报是长期的,短期的波动往往不会影响他们的投资目标。这一阶段理财需求对于资产的选择,更为关注的是流动性较低、重新估值和定价的频率可能较低的资产,也可以是一些更复杂的资产,包括风险投资、期货、期权,以及某些绝对收益的投资产品,如对冲基金、基金中的基金(FOF)、私募股份和私人不动产等。

第二节 投资理财环境分析

在完成了对客户自身财富水平等内部约束条件的分析之后,我们需要考察金融理财的外部环境,开展投资理财的外部环境分析。金融市场(尤其是资本市场)素有"经济晴雨表"

之称,这既表明资本市场是宏观经济的先行指标,同时也表明宏观经济的走向决定了资本市场的长期趋势。进行宏观经济分析,就是分析资本市场的大环境。经济运行会"顺势而行",这里的"势"就是指宏观经济走势。可以说,宏观经济因素是影响资本市场长期走势的唯一因素,其他因素虽然可以暂时改变资本市场的中期和短期走势,但是改变不了资本市场的长期走势。宏观经济环境对整个资本市场的影响,既包括经济周期波动这种纯粹的经济因素,也包括政府经济政策、特定的财政金融活动等混合因素。此外,还要分析和研究金融市场的周期、企业财务指标以及社会环境等因素。

一、宏观经济环境分析

1. 经济增长情况分析

经济增长通常是指在一定时间内一个国家总体的产出水平,通常用国内生产总值(GDP)来衡量。国内生产总值是指一定时期内在一国境内所创造的产品和服务的价值总额,是衡量国民经济活动水平高低的重要指标。从长期来看,在上市公司的行业结构与该国产业结构基本一致的情况下,股票平均价格的变动与 GDP 的变化趋势是相吻合的。但是,不能简单地认为只要 GDP 增长,资本市场就一定伴以上升的走势。在实践中,我们必须将 GDP 与经济形势结合起来进行考察。

(1) 持续、稳定、高速的 GDP 增长。在这种情况下,社会总需求与总供给协调增长,经济结构逐步合理,趋于平衡,经济增长来源于需求刺激,并使闲置的或利用率不高的资源得到更充分的利用,从而表明经济发展势头良好。大多数公司的利润将持续上升,股息不断增长,企业经营环境不断改善,投资风险越来越小。投资者对经济形势预期良好,投资积极性得以提高,从而增加了投资需求。国民收入和个人收入不断提高,这也增加了投资需求。所有这些都会形成资产价格上升的基本面支持。

(2) 高通货膨胀下的 GDP 增长。经济在高通货膨胀下高速增长时,总需求大大超过总供给,这是经济形势恶化的征兆,如不采取调控措施,必将导致未来的"滞胀"。这时,经济中的矛盾被激化,企业经营面临困境,会导致居民实际收入下降。因此,失衡的 GDP 增长通常会导致资产价格的下跌。

(3) 宏观调控下的 GDP 增长。当 GDP 失衡时,政府可能采用宏观调控措施以维持经济的稳定,这样必然减缓 GDP 的增速。如果调控目标得以顺利实现,GDP 仍以适当的速度增长而未导致 GDP 的负增长或低增长,说明宏观调控措施十分有效,经济矛盾逐步得到缓解,为进一步增长创造了有利条件。这时,资本市场也将反映这种好的形势而呈现出平稳渐升的态势。

(4) 转折性的 GDP 变动。如果 GDP 一定时期以来呈负增长,当负增长速度逐渐减缓并呈现向正增长转变的趋势时,表明恶化的经济环境逐步得到改善,资本市场走势也将由下跌转为上升。

(5) GDP 由低速增长转向高速增长。当 GDP 由低速增长转向高速增长时,表明在低速增长中,经济结构得到调整,经济的"瓶颈"制约得到改善,新一轮经济高速增长已经来临,资本市场也将伴以快速上涨的趋势。

对上述 GDP 的变动与资本市场波动的相关关系可以用表 3.1 表示。

表 3.1　GDP 变动与资本市场变动的相关关系

GDP 变动	资本市场相应变动	GDP 变动对资本市场的影响
持续、稳定、高速的 GDP 增长	证券价格上涨	公司经营效益上升,投资者信心增强,居民收入提高,投资需求增加
高通胀下的 GDP 增长	证券价格下跌	企业经营困难,居民收入降低
宏观调控下的 GDP 增长	证券价格平稳上升	经济矛盾得到缓解,为进一步增长创造了有利条件
转折性的 GDP 变动(由负增长向正增长转变)	证券价格由下跌转为上升	恶化的经济逐步得到改善
GDP 由低速增长转向高速增长	证券价格快速上升	新一轮经济高速增长已经开始

不过,值得注意的是,资本市场通常会提前对 GDP 的变动作出反应,也就是说,它能反映预期的 GDP 变动,而当实际 GDP 变动被公布时,资本市场只反映实际变动与预期变动的差别。因此,对 GDP 变动进行分析时必须主动预见,着眼于未来,这是最基本的原则。

2. 宏观经济周期分析

一般来说,经济周期是一个连续不断的过程,表现为扩张和收缩的交替出现。在一个阶段,产出、价格、利率、就业率不断上升,直至高峰——繁荣;之后可能是经济的衰退,产出、价格、利率、就业率开始下降,直至低谷——萧条,这个时期的明显特征是需求严重不足,生产严重过剩,销售量下降,价格降低,大批企业破产倒闭,失业率上升;接着是经济重新复苏,进入新的经济周期。

(1) 经济周期对证券市场的影响。

经济周期发展的基本趋势决定了证券市场的基本走势,经济的周期波动直接影响整个社会的投资、生产和消费,影响上市公司的经营业绩和股市中投资者的心理预期,从而影响股价变动。经济周期影响股价的变动,但两者的变动周期不是完全同步的,股市周期是经济周期的先行指标。如第二次世界大战后美国股市高峰与经济周期高峰的平均时差为 3.5 个月,股市低谷与经济周期低谷的平均时差为 5.25 个月。

经济周期要经历衰退、萧条、复苏和繁荣四个阶段。当经济开始衰退时,公司的生产成本上升,产品滞销,企业利润减少,促使公司的生产减少,从而导致股息、红利也随之减少,投资者纷纷抛售手中的股票,从而使股票价格降低。在整个经济处于低迷的状态下,投资者普遍对经济形势持悲观态度,整个市场处于萧条和混乱之中。经济周期经过了低谷之后,又会出现缓慢复苏的势头。随着经济结构的调整,商品开始打开销路,企业投资生产的积极性增加,价格上升,而随着红利、股息的增加,投资者对证券市场有了一定的信心,投资需求开始增加,流入股市的资金量增多,股价缓慢上升。当经济由复苏达到繁荣阶段时,公司的商品生产能力与产量激增,商品销售状况良好,企业开始大量盈利,投资者对未来的预期非常好,投资资金大量进入股市,进而资产价格快速上涨。当资产价格不断被投资者的激情炒高时,便出现了资本市场的泡沫,从而为未来的经济危机埋下了隐患。

例如,2008年致使全球经济受到严重考验的次贷危机便是经济周期的一个典型案例。当时,美国的房价不断被炒高,华尔街的金融大鳄们为了赚取更多的金钱,将信用评级不高的"次级债"继续打包资产证券化。"次级债"良好的销路是基于美国上扬的房地产价格,这个泡沫越吹越大,当美国经济出现缓慢下行的迹象时,随着利率紧缩,美国房产价格开始下跌,炙手可热的"次级债"立即缩水,变得一文不值。所有购买"次级债"的金融机构深陷危机,华尔街四大投资银行难逃其害,从而演变成一场全球性的金融危机。

郑木清在《证券投资资产配置决策》一书中,通过对国际上各个指标的分析以及大量的实证研究,得出在不同经济周期阶段上进行战略资产配置的大致原则,这些原则如表3.2所示。

表3.2 不同经济周期阶段战略资产配置原则

宏观经济状况	资产分配策略
缩小的负产出缺口,利率呈下降状态	提高股票或债券比重
缩小的负产出缺口,利率呈上升状态	提高股票比重,稳定或减少债券比重
扩大的正产出缺口,利率呈下降状态	提高股票比重,减少债券比重
扩大的正产出缺口,利率呈上升状态	提高股票和现金比重,减少债券比重
缩小的正产出缺口,利率呈下降状态	提高现金比重,降低股票比重,稳定或减少债券比重
缩小的正产出缺口,利率呈上升状态	适度提高股票和现金比重,减少债券比重
扩大的负产出缺口,利率呈下降状态	较大幅度提高股票和债券比重
扩大的负产出缺口,利率呈上升状态	适度提高股票和现金比重,减少债券比重

资料来源:郑木清:《证券投资资产配置决策》,中国金融出版社2003年版,第99—100页。

宏观经济的变动以及行业经济周期的存在,使得在不同经济周期时,对某些行业的投资也随之改变。在金融学中,不同经济周期行业资产分配的变化被称为产业轮动(Sector Rotation)。Sam Stovall 的《产业投资》(Sector Investing)较为系统地阐述了产业轮动理论,而这种理论被众多的机构投资者运用到实际资产投资中。宏观经济的变动引起金融市场利率的变动,从而导致资产投资风格的变化。总结一般规律具体见表3.3。

表3.3 不同经济周期战略资产配置原则

经济周期	经济增长	通胀	投资风格转换	产业轮动	利率曲线
萧条	下降	下降	防守+成长	金融—消费—健康护理和大宗消费	陡峭
复苏	上升	下降	周期+成长	电信—消费—信息技术和原材料	陡峭
繁荣	上升	上升	周期+价值	工业—能源—信息技术和原材料	扁平
衰退	下降	上升	防守+价值	公用—能源—健康护理和大宗消费	扁平

值得注意的是,固定收益证券对经济周期的反应与股市不同。固定收益证券的价格表

现主要依赖于利率的变动。因此,当强劲的经济增长预示着高通货膨胀,或者意味着央行会施行紧缩的货币政策时,利率会上升,固定收益证券的价格会下降,市场反应消极,相应地,证券收益率会上升;而在经济衰退时,固定收益证券的价格会上升,收益率会下降。

(2)我国经济周期与股票市场的表现。

考察我国经济周期与股票市场的表现(图3.3)可以看出,1998—2008年我国的经济周期变化不是很明显,但证券市场的变化幅度明显大于GDP的增长变化幅度。值得注意的是,2007年6月左右,我国证券市场的总市值和流通市值都出现急剧下降,随后GDP增速变缓,说明我国的证券市场变化也是先于GDP的变化,从而基本验证了"股市是经济变化的晴雨表"的结论。

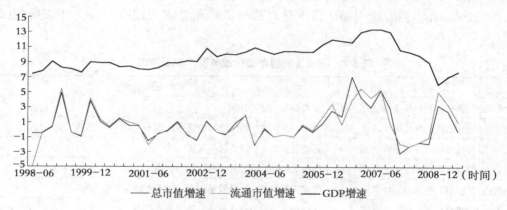

注:由于我国股市市值变化速度非常快,为了在同一幅图中比较GDP和股票市值增速的变化,GDP的增速以1%为单位,而股票市值的增速以10%为单位。具体来讲,如果GDP的增速值为8,表示GDP的增速为8%;如果股票市值的增速值为4,表示股票市值的增速为40%。

图3.3 我国的经济周期与股票市场的表现(1998—2008)

数据来源:中经专网。

依据证券市场变化和GDP走势之间的关系,我们可以根据证券市场的走势来初步估算GDP的变化趋势。但是,这种估算必须结合实际的情况,如制造业的整体效益、出口的变化以及国际大环境的走势等,任何孤立、片面的分析都是不准确的。

二、宏观经济政策对金融市场的影响

1. 财政政策的影响

财政政策是政府依据客观经济规律制定的指导财政工作和处理财政关系的一系列方针、准则和措施的总称。主要通过预算收支平衡或财政赤字、财政补贴和国债政策等手段影响经济。财政政策的松紧对经济总量变化影响很大。总的来讲,积极的财政政策刺激经济发展,有利于证券价格上扬;紧缩的财政政策抑制经济过热,会使证券价格受挫。

积极的财政政策对证券市场的影响包括如下四个方面。

(1)减少税收,降低税率,扩大减免税范围。对证券市场的影响为:增加经济主体的收入会直接引起证券市场价格上涨,增加投资需求和消费支出又会拉动社会总需求;而总需求增加又反过来刺激投资需求,从而使企业扩大生产规模,增加企业利润;企业利润增加,又会刺激企业扩大生产规模的积极性,从而进一步增加企业利润总额,提高公司股票价值,促使股价上涨。由于市场需求活跃,企业经营环境改善,盈利能力增强,进而降低了还本付息风险,债券价格也将上扬。

(2)扩大财政支出,加大财政赤字。其政策效应为:扩大社会总需求,从而刺激投资,扩大就业。政府通过购买和公共支出增加商品和服务需求,激励企业增加投入、扩大销售,于是,企业利润提高,经营风险降低,从而使股票价格和债券价格上升。尤其是与政府购买和公共支出相关的企业,将最先、最直接从财政政策中获益,其证券价格将率先上涨。同时,居民在经济复苏中增加了收入,持有的货币增加,景气的趋势更增强了投资者的信心,股票市场和债券市场趋于活跃,价格自然上扬。但是,当出现巨额财政赤字时,虽然进一步扩大了需求,却也导致了经济不稳定,通货膨胀加剧,有可能导致投资者的经济预期不乐观,反而造成股价下跌。

(3)减少国债发行(或回购部分短期国债)。国债是证券市场上重要的交易品种,国债发行规模的缩减,使市场供给量减少,从而对证券市场原有的供需平衡产生影响,导致更多的资金转向股票,推动证券市场价格上扬。

(4)增加财政补贴。财政补贴往往使财政支出扩大,其政策效应是扩大社会总需求和刺激供给增加,同时也提高了企业和居民收入,促使更多资金流入股市,从而使整个证券市场的总体价格水平趋于上涨。

2. 货币政策的影响

货币政策是政府为实现一定的宏观经济目标所制定的关于货币供应和货币流通组织管理的基本方针和基本准则。它对经济的调控是总体上和全方位的,反映在股市上,货币政策对股价总体走向的影响更大。通常,货币政策主要通过货币供应量、利率、公开市场业务等政策手段实现,其目标是保证币值稳定、经济增长、充分就业和国际收支平衡。

与财政政策相同,货币政策对证券市场的影响也分积极、紧缩两方面,积极的货币政策将导致证券价格上涨,紧缩的货币政策将使证券价格下降。我们以积极的货币政策为例进行分析。

积极的货币政策的主要政策手段是:增加货币供应量(扩大央行对金融机构的放款规模),降低利率和准备金率,放松贷款控制,回购政府债券等。通常在经济衰退及总需求不足时实施这一政策。

(1)利率对证券价格的影响。

中央银行调整基准利率的高低,对证券价格会产生影响。一般来说,利率下降时,股票价格就上涨;而利率上升时,股票价格就下降。这主要有以下三个原因。

① 利率是计算股票内在投资价值的重要依据之一。当利率上升时,股票的内在投资价值下降,从而导致股票价格下跌;反之,则股价上升。

② 利率水平的变动直接影响到公司的融资成本,进而影响股票价格。利率降低可以减

少公司的利息负担,增加公司盈利,股票价格也将随之上升;反之,则股票价格下跌。

③ 利率降低,部分投资者将把储蓄投资转成股票投资,促使股价上升;反之,若利率上升,一部分资金将会从证券市场转向银行存款,致使股价下降。

通常,利率调整对于股票价格的影响比较显著,后者的反应也比较迅速,需要对利率的变化趋势进行全面分析和理解。有必要指出的是,利率政策本身是中央银行货币政策的一个组成内容,但利率的变动同时也受到其他货币政策因素的影响。货币供应量增加、中央银行贴现率降低、中央银行所要求的银行存款准备金比率下降等因素,都会导致市场利率的下降。

(2) 中央银行的公开市场业务对证券价格的影响。

当政府倾向于实施宽松的货币政策时,中央银行就会大量购进有价证券,从而使市场上的货币供给量增加。这会推动利率下调,降低资金成本,从而使企业和个人的投资和消费热情高涨,生产扩张,利润增加,进而推动股票价格上涨;反之,股票价格将下跌。我们之所以特别强调公开市场业务对证券市场的影响,还在于中央银行公开市场业务的运作直接以国债为操作对象,从而直接关系到国债市场的供求变动,影响到国债市场的波动。

(3) 调节货币供应量对证券价格的影响。

中央银行可以通过存款准备金率和再贴现政策调节货币供应量,从而影响货币市场和资本市场的资金供求,进而影响证券市场。如果中央银行提高存款准备金率,这在很大程度上限制了商业银行体系创造派生存款的能力,通过货币乘数的作用,会使货币供应量更大幅度地减少,证券市场价格趋于下跌。同样,如果中央银行提高再贴现率,对再贴现资格加以严格审查,则会使商业银行资金成本增加,市场贴现利率上升,社会信用收缩,证券市场的资金供应减少,使证券市场行情走势趋软。反之,如果中央银行降低存款准备金率或降低再贴现率,通常都会导致证券市场行情上扬。

(4) 选择性货币政策工具对证券价格的影响。

为了实现国家的产业政策和区域经济政策,国家通常会对不同行业和区域采取区别对待的方针。一般来说,该项政策会对证券市场整体走势产生影响,而且还会因为板块效应而对证券市场产生结构性影响。如果在从紧的货币政策前提下,实行总量控制,通过直接信用控制或间接信用指导区别对待,紧中有松,那么,一些优先发展的产业、国家支柱产业和农业、能源、交通、通信等基础产业及优先重点发展地区的证券价格则可能不受影响,甚至逆势而上。

3. 中国股票市场和货币政策的关系

为了更直观地看出中国股市对货币政策的反应,我们搜集和整理了央行加息对中国股市的影响情况(如表3.4所示)。

表3.4 央行货币政策对中国股市的影响

时间	加息政策	股市反应
1993年5月15日	各档次定期存款年利率平均提高2.18个百分点,各项贷款利率平均提高0.82个百分点。	首个交易日沪指下跌27.43点。
1993年7月11日	一年期定期存款利率9.18个百分点上调到10.98个百分点。	首个交易日沪指下跌23.05点。
2004年10月29日	一年期存贷款利率均上调0.27个百分点。	一路下跌中的沪综指继续大跌1.58个百分点,当天报收于1320点。
2006年4月28日	金融机构贷款利率上调0.27个百分点,提高到5.85%。	沪指低开14点,最高1445点,收盘1440点,涨23点,大涨1.66个百分点。
2006年8月19日	一年期存贷款基准利率均上调0.27个百分点。	沪指开盘低开至1565.46点,最低点1558.10点,随后迅速反弹,收盘至1601点,上涨0.20个百分点。
2007年3月18日	上调金融机构人民币存贷款基准利率0.27个百分点。	沪指低开后大幅度走高,开盘2864点,收盘3014点,突破3000点,全天大涨2.87个百分点,随后一路强劲上行至3600点。
2007年12月20日	一年期存款基准利率上调0.27个百分点;一年期贷款基准利率上调0.18个百分点。	12月21日沪、深两市小幅低开,沪综指开盘报5017.19点,下跌26.34;深成指开盘报16542.93点,下跌82.48点。
2008年3月18日	从2008年3月25日起,上调存款类金融机构人民币存款准备金率0.5个百分点。	3月19日沪深大盘双双高开,沪综指开盘报3746.05点,上涨77.15;深成指开盘报12767.97点,上涨278.95。两市共成交9.2亿,较上一交易日增长近1倍。
2008年9月15日	从2008年9月16日起,下调一年期人民币贷款基准利率0.27个百分点;从2008年9月25日起,存款类金融机构人民币存款准备金率下调1%。	9月16日,大盘上午有所企稳后,下午跌势蔓延,银行股大面积跌停,拖累上证综指再度跌穿2000点,沪指在一轮跳水中再创盘中新低,最低跌至1974.39点。
2008年1月29日	从2008年10月30日起,一年期存款基准利率由3.87%下调至3.60%,下调0.27个百分点;一年期贷款基准利率调至6.66%,下调0.27个百分点;其他各档次存贷款基准利率相应调整,个人住房公积金贷款利率保持不变。	早盘A股受到降息的影响高开,随后围绕周三的收盘点位反复震荡。午后指数急速拉高,但飙升后明显出现买盘不足的趋势,在此影响下,A股尾盘冲高回落。
2008年11月27日	从2008年11月27日起,下调金融机构一年期人民币存贷款基准利率各1.08个百分点,其他期限档次存贷款基准利率作相应调整。同时,下调中央银行再贷款、再贴现等利率。	27日,沪、深两市股指大幅高开,三率齐降的利好将股指带上2000点,随后大盘出现几波回落走势。当日两市成交量再超千亿。

资料来源:新浪网(http://finance.sina.com.cn/g/20070821/19153903525.shtml)。

从表3.4中可以看出,中国股市对央行货币政策的反应是非常灵敏的,央行可以通过加息或减息政策调整股市的短期涨跌节奏。但值得注意的是,中国股市过分依赖于中央银行的政策,以至于有"政策市"的说法。一旦股市出现大跌,股民往往会期待央行政策能"救市"。其实这种现象与经济学的基本规律是相悖的。当经济出现危机时,政府的政策需要调整,以引导经济走上良好的道路;但是,一旦经济本身就出现了问题,政策的制定是为了推动经济向正确的方向运行,将出现问题时的损失降至最低,而不是需要政府直接干预经济。上述现象在一定程度上反映了中国股市的不成熟和中国投资者的不成熟。对于投资者来说,还是应该关注公司本身的资产价值,而不是从投机的角度来经营,否则很难获得长久、持续、稳定的投资收益。

三、金融市场环境分析

在金融理财中,要成功地进行资产配置,必须进行金融市场环境分析。因此,我们需要注意解决以下两个问题:(1)一个特定资产类别(或一个资产类别的子类别)处于市场周期的什么阶段?(2)在这个阶段影响价格水平的主要因素是什么?同时,也应该研究和分析资产价格波动背后的成因。金融资产(如股票和债券)和实物资产(商品、金属、艺术品和收藏品)的价格由以下三种因素决定:(1)基本面因素;(2)价值评估因素;(3)心理、技术和流动性因素。表3.5显示了市场周期不同阶段资产价格波动遵从的基本模式。

表 3.5 市场周期与资产价格的关系

市场阶段	触底	早期恢复	牛市中期	牛市见顶	熊市
基本面因素	20% 在好转, 但被忽略	30% 主要公司 业绩不错	40% 孕育增长 阶段	20% 乐观的 长期预测	30% 充分意识到 形势在恶化
估价因素	20% 有吸引力, 但没有买者	50% 低价筹码 大量涌现	30% 愿意支付 更高的价格	20% 修正模型 加强行情	20% 价值高估而 震惊
心理、技术和 流动性因素	60% 疲惫、不信任 和消沉	20% 怀疑、思考 及转换	30% 信任、希望 和慷慨	60% 狂喜、贪婪 和推断	50% 恐惧、惊慌 和厌恶

资料来源:〔美〕戴维·M·达斯特:《资产配置的艺术》,李康等译,上海人民出版社2005年版,第250页。

表3.5以简化的形式描述了大多数资产价格变化的情况。根据不同阶段的波动情况,可以按照价格波动程度、持续时间划分为5个主要阶段。(1)触底阶段,这时候疲软的资产价格往往无法引起或很少引起投资者的热情;(2)早期恢复阶段,这时候资产的价格开始使得投资者确信它们具有潜在的投资价值;(3)牛市中期阶段,这时候资产价值的基本面因素吸引更多的投资者和更多的投资、投机资金,价格开始攀升;(4)牛市见顶阶段,投资者日益高涨的投资热情推动资产价格达到一个极端的高水平;(5)熊市阶段,这时候大部分投资者纷纷抛售资产,投资热情不再,资产价格随之下跌。

典型的市场周期可以划分为上述几个阶段,而在不同阶段,影响和主导资产价格的因素也不尽相同。具体来看，主要有以下三大类因素。

（1）基本面因素。主要是指资产本身的吸引力、用途和目的等各项特征。它在市场周期的底部和顶部阶段往往仅对资产价格变化产生很小的影响。当投资者表现较为理性、成熟时，基本面因素会在牛市中期的价格决定过程中起到更重要的作用。

（2）估值因素。主要是考虑特定资产类别的现金流和终值，其相对于自身和其他资产类别在风险特性、时间和现值上的价值比较。通常在牛市早期发挥其最大影响力。在这一阶段，极高的投资价值经常会使投资者从不相信逐渐开始相信。在其他阶段，估价因素对投资者行为的影响则要远远弱于其他因素。

（3）心理、技术和流动性因素。它们主要是在市场周期的高峰或低谷阶段推动资产价格快速上升或急速下降时起着非常重要的作用。心理因素包括狂热、贪婪、狂喜、轻信、怀疑、恐惧、惊慌、后悔，甚至对他人和自己的厌恶。技术和流动性因素包含了资产的流动性以及投资者的资金来源、性质和用途，也包含了特定资产相对于其他资产是否具有吸引力。总而言之，在市场的极端情况下，心理、技术和流动性因素的作用远远超过基本面因素和估价因素。

四、财务指标分析

在金融理财规划分析中，针对不同资产类别的选择，股票是主要的可选择资产之一。通常来说，股票价格是上市公司价值的外在体现。要分析和研判股票价格走势离不开对上市公司企业价值，尤其是财务情况的分析。著名的投资家巴菲特就特别重视对财务报表的分析。通过研究上市公司的财务报表，可以直接获得股票资产是否具有投资价值的信息。而对财务报表进行分析时，要注意两个重要的因素：财务比率和财务比率的稳定性。

1. 财务比率

企业财务报表的分析通常从财务指标的比率来分析，根据分析主体的不同，选择不同的比率。以股票投资为例，投资者主要关注的是保值增值和企业盈利能力大小，因此，一般的财务指标通常包括以下四大类。

（1）短期偿债能力指标。短期偿债能力指标用来衡量企业承担经常性财务负担（偿还流动负债）的能力。短期偿债能力常用的财务指标是流动比率和速动比率。通常，流动比率是企业出现财务困难的第一个信号。如果企业有足够的现金流量，就不会造成债务违约，可避免陷入财务困境。如果企业出现财务困难，可以通过银行贷款渡过难关，使得流动负债增加，从而降低流动比率。速动资产是能够快速变现的流动资产，存货是流动性最差的流动资产。

① 流动比率：流动资产与流动负债的比值。
② 速动比率：扣除存货之后的流动资产（速动资产）与流动负债的比值。

（2）运营能力指标。运营能力指标用来衡量企业有效进行资产管理的能力，通常是用全年销售收入与总资产的比值计算得到周转率，获得企业运用资产创造销售收入的有效程度。具体包括总资产周转率和存货周转率。

① 总资产周转率:销售收入与总资产的比值。
② 存货周转率:销售收入与存货的比值。
总资产周转率越高,表明企业越能有效运用资产创造收入。存货周转率衡量了存货生产及销售的速度,主要受产品制造技术的影响。
(3) 盈利能力指标。盈利能力指标用来衡量企业的利润增长能力,一般选用资产收益率和净资产收益率等具体指标。
资产收益率(ROA):净利润(销售收入减去税收)与总资产的比值。
净资产收益率(ROE):净利润(销售收入减去税收)与净资产的比值。
(4) 市场价值比率。市场价值比率用来衡量市场对于企业价值的反应程度,是否高估或低估。在市场高估的情况下可以考虑卖出,在市场低估的情况下可以考虑买入。通常,我们选用市盈率和账面市值比等具体指标。
① 市盈率(P/E):当前股价与普通股每股盈余的比值。
② 账面市值比(B/M):每股账面值与每股价格的比值。
我们将上面的财务指标及其财务计算公式罗列在表3.6中。

表3.6 主要财务指标及其计算公式

企业能力	财务指标	财务计算公式
短期偿债能力	流动比率	流动资产与流动负债的比值
	速动比率	扣除存货之后的流动资产(速动资产)与流动负债的比值
运营能力	总资产周转率	销售收入与总资产的比值
	存货周转率	销售收入与存货的比值
盈利能力	资产收益率(ROA)	净利润(销售收入减去税收)与总资产的比值
	净资产收益率(ROE)	净利润(销售收入减去税收)与净资产的比值
市场价值比率	市盈率(P/E)	当前股价与普通股每股盈余的比值
	账面市值比(B/M)	每股账面值与每股价格的比值

财务比率会由于行业的不同而有一定程度的差异,因此,在运用财务指标来选择具体的个股时,要与行业的平均水平进行比较。对于反映短期偿债能力、运营能力和盈利能力的重要财务指标,首先应计算出行业的平均比率,个股超过行业平均水平越多越好。由于在选择具体的资产时,这几个财务指标不可能都高于行业平均水平,这时可以采用折中的方法考虑那些多数指标较高的个股。对于市盈率和账面市值比指标来说,在同一行业中应选择那些具有较高收益率、较低股价的个股,较低的市盈率往往有企业价值被市场低估的可能性。由于有些公司可能会操纵财务报表,使得一些常用指标看起来较高,因此在分析财务报表时,还应该关注财务报表的指标是否具有持续性,也就是看是否具有长期的竞争优势。一个资产优良、财务健康、有发展潜力的公司,其财务报表的质量从长期来看是较高的。

2. 财务比率的稳定性
在运用财务比率来选择股票时,一方面要考虑财务比率的大小,另一方面要考虑财务比率的稳定性。在考虑稳定性时,通常选择一个企业最近3年甚至更长时期内的财务指标数据,考察其财务比率是否稳定。一般来说,应选择那些财务指标较稳定或者呈稳定增长趋势的企业。

对于财务报表的稳定性分析,我们通常要对上市公司近几年的财务报表的各个指标作系统性的分析,看这些财务指标是否稳定,或者说波动程度是否较大。同时,也要仔细分析季报和年报的关系。某些存在盈余操纵的公司,往往在年报中把指标值做得很漂亮,但是在季报中会露出盈余操纵的蛛丝马迹。在考虑了行业周期性的条件下,如果某一个季度的指标值变得异常的高或异常的低,而在年报指标中却显示出较稳定的变化,那么就说明该企业可能存在盈余操纵,需要我们花更多的时间进行分析和研究。

总之,财务报表向投资者披露了很多企业经营的信息,我们需要研究企业的财务指标和财务指标的稳定性,选出那些具有发展潜力、能够为投资者带来较高回报的优质企业。

五、社会环境分析

一个稳定的、进步的社会环境往往是保障投资本金安全、获取投资收益的重要因素。社会环境对投资者的预期以及金融政策的实施具有显著的影响,而在一个动荡的政治、经济、社会环境下的投资,其风险是相当大的。因此,选择在稳定、团结、发展的社会环境下进行投资,往往能够确保投资成功,甚至起到事半功倍的效果。

对于投资的社会环境,投资者首先应关注经济增长的稳定性、民族之间的团结程度、政府财政政策和货币政策实施的效果、区域化的融合是否和谐以及投资者对未来的预期等因素。在一个GDP、CPI和利率都比较稳定的社会环境下,投资于固定收益证券相对比较安全;而在一个经济增长、投资者情绪高涨的社会环境下,投资于高收益的风险资产有较大的盈利空间。通常,投资的稳定性和吸引力在极大程度上依赖于一个国家的社会整体状况,它由相互依存的金融、经济、政治和社会因素构成。

例如,20世纪90年代初期,东欧各国国内政治动荡,使得经济环境变得摇摆不定,加上民族事件频频发生,在这些国家的投资都遭遇到极大的风险。反观中国自1978年改革开放以来,国内政治环境稳定,各民族团结融洽,经济持续增长,社会稳定。因此,国内外的投资者都不同程度地分享了经济发展的成果,获得了较好的财富保值增值机会。可见,稳定的政治环境是社会环境分析的重要因素,经济、金融环境都受到政治环境的影响,与之相互依存。

不同国家、地区的人们都寻求以一个可持续的发展模式来实现他们的经济、文化、生活发展愿望。但是在这个过程中,局部的不和谐时常存在,诸如经济和金融混乱、外部事件、冲突与和平的转换以及改革政策的反复无常等。在将大量的资产投向一个资产类别或世界的一个特定地区之前,投资者应该明智地考虑一个问题,即该国将要采取的举动是建设性的还是毁灭性的。当然,投资者能够而且必须尽可能地对影响资产配置和投资活动的当前和未来的环境有个总体的了解。例如,在金融领域,投资者可能需要考虑一个国家是否可能推行或继续推行对资本市场有利或者不利的政策;在政治领域,需要考虑是否具有开明的领导者、民主制度的建设等。

图 3.4 给出了几个与这些政府行为和市场趋势相关的原因和结果。在经济领域,投资者需要注意有利和不利的发展方向和政策,以及在这些政策背后的力量是系统外部的还是系统内部的;在政治领域,投资者最好确定一个国家的政策和政治是不是大多数人的愿望;最后,在社会领域,知晓这个国家赞成或忽略基本权利、义务和民众权利的程度也同样很重要。

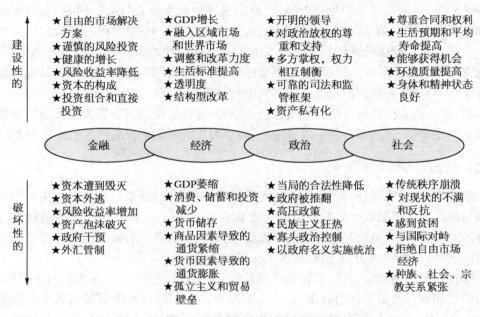

图 3.4　政府行为与市场趋势

资料来源:〔美〕戴维·M·达斯特:《资产配置的艺术》,李康等译,上海人民出版社 2005 年版,第 249 页。

第三节　金融理财规划中的资产配置

资产配置(asset allocation)是指投资者根据投资需求将投资资金在不同资产类别之间进行分配,是投资者确定其全部资金在各种可投资的资产类别上的分配比例的过程,是金融理财规划和投资管理中最基本的一个步骤。在投资决策中,资产配置的选择是整个投资过程中最重要的环节,是决定获得安全投资回报的最直接的因素。有关研究显示,资产配置对投资组合业绩的贡献率达到 90% 以上。

现在人们的普遍观点是:资产配置只是投资组合管理中的一个很重要的过程,虽然它对投资组合业绩的贡献率很大,但它仍然从属于投资主体的整体理财目标和策略。而好的资产配置,不仅可以影响投资组合的业绩,甚至可以改变原有的理财目标和策略,能够主动地对资产进行管理。我们甚至可以根据资产配置的策略来确定理财目标,从而把资产配置提升到一个战略的高度,使投资管理和投资业绩更接近于实际的运作情况。

资产配置作为投资管理中的核心环节,其目标在于协调提高收益与降低风险之间的关系。资产配置也是不断进行认知和调整的权衡过程,其中,在投资者的时间跨度、资本保值目标和预期的收益来源等方面的权衡尤其重要。同时,资产配置也需要设定最小化和最大化权衡因素,以确保选择足够多的资产类别而不是过分集中于某类资产。资产配置要实现多种资产与特定投资品种的分散投资,从而使投资组合的期望风险特征与投资者自身的风险承受能力相匹配。资产配置通过分散投资,寻求在一段足够长的时间内提供更高的回报与更低的风险,并对投资者承担无法分散的波动性予以适当补偿。

资产配置的过程包括四个基本要素:第一,确定投资组合里面可以包括的合适资产的投资范围;第二,确定这些合适的资产在计划持有期内的预期回报率和风险水平;第三,在估计各种资产的预期回报率和风险之后,利用投资组合理论和资产配置优化模型,找出在每一个风险水平上能提供最高回报率的投资组合集,并确定资产组合的有效前沿;第四,在可容忍的风险水平上选择能提供最高回报率的投资组合作为战略资产配置,在资产组合的有效前沿上选择最合适的组合点。

在确立了资产配置的领域之后,投资者可在自己的投资组合中适当考虑资产配置的类型。资产配置类型可根据其风格、策略及投入来划分,各种资产也可以按照多种方式组合在一起,如图3.5所示。

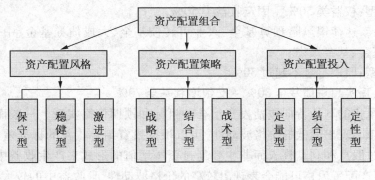

图3.5 资产配置组合

一、资产配置的风格

资产配置的风格可以被描述为保守型、稳健型和激进型等三种。

事实上,我们很难在所有市场环境下将任何特定的资产或者投资者的性格严格划分为保守型、稳健型和激进型,因为这些投资风格与主流投资形式和金融市场环境有一定程度的互动和依赖关系。在金融市场稳定且通货膨胀率较低的情况下,一种高质量的资产配置风格可能被认为是保守的(如现金和债券所占比重较大),但在金融市场波动性较大、通货膨胀率较高、利率和债券价格波动幅度较大等情况下,同样的资产配置则可能会被认为是激进的。也就是说,我们讲资产配置的风格,是在当时的投资环境、宏观经济情况和金融市场的变化条件下相对而言的。

保守型资产配置风格的特点是:

(1) 比重相对较高的现金和短期投资、固定收益证券以及国内投资和本币投资；

(2) 比重相对较低的股票和类似于股票的投资（如高收益和新兴市场债券、房地产、绝对收益投资、某些对冲基金、私募股权、风险资产投资等），以及对外投资、外币投资。

在相同的经济、金融环境下，激进型投资风格具有下面的特点：

(1) 比重相对较高的股票和类似股票的投资以及对外投资；

(2) 比重相对较低的现金和短期投资、固定收益证券以及国内投资。

在类似的投资环境下，稳健型资产配置介于保守型资产配置与激进型资产配置之间。

例如：在经历过2007年大牛市的红红火火，又经历过2008年大熊市的凄凄惨惨之后，在2008年底和2009年初，基金投资者们对2009年的资产配置有了更多的思考。当时市场中大多数人认同的观点是：2009年A股市场走出单边牛市的可能性不大，在经历了2008年的大幅调整后单边下跌的可能性也不会太大，整体市场风险会比2008年降低。让我们看看当时基金资产配置的情况[①]：

(1) 激进型：股票型30% + 混合型35% + 债券型35%。

组合推荐：华夏策略基金、兴业趋势基金、交银增利基金、工银核心价值基金、基金科瑞、基金安顺。

(2) 稳健型：权益类50% + 固定收益类50%。

组合推荐：泰达荷银风险预算基金、兴业可转债基金、大成债券基金、中信稳定双利基金、华夏回报基金、基金兴华。

(3) 保守型：股票基金不超过30%。

组合推荐：嘉实超短债基金30% + 交银增利基金70%。

资产配置风格的其他特征包括投资组合的目标和预期价格实现。一般而言，保守型资产配置风格应该表现出较低的价格波动性（可以根据投资组合收益的标准差来测算），并且极有可能是通过股息和利息收入而非主要通过资本增值的形式来产生收益中的较大份额。相反，激进型资产配置风格可能会表现出较高的价格波动性，且收益中的较大份额不是由股息或利息收入产生的。稳健型资产配置风格的价格波动性低于激进型而高于保守型，产生的收益来源于资本的增值和股息、利息收入。

二、资产配置的策略

资产配置可以根据其策略的不同，大致分为战略型资产配置、战术型资产配置和两者的结合型等三大类，如图3.5所示。战略型资产配置（strategic asset allocation）过程的目的是在投资组合中以某种方式将资产配置在一起，以满足投资者在一定风险水平上回报率最大的目标。我们可以将战略型资产配置决策粗略地看成是一种长期资产配置决策。长期资产组合一旦确定，投资者还可以试图确定资产类别定价差异，并适时改变资产类别组合，这被称为战术型资产配置（tactical asset allocation）。

[①] "五大分析师的三大类型资产组合"，来源：http://money.jrj.com.cn/2009/01/2011443389871.shtml。

战略型资产配置主要是为投资者建立最佳长期资产组合,而相对较少关注短期市场的波动。

1. 战略型资产配置的主要特点

(1) 体现投资者对金融市场和具体资产类别的中长期看法。

(2) 资产配置容易受不同目标所得到的看法的影响,从而使资产配置变得倾斜。比如,对于坚持特定币种或较低的投资流动性,投资收益的波动性更大。

(3) 包括监控并管理长期风险的各种手段和可靠性。

2. 战略型资产配置的作用

(1) 有助于确定在长期资产组合中包含的资产种类。例如,一些投资者会利用经验的参数标准来鉴别和确定他们需要长期投资的资产类别,如小盘股、新兴市场股票、可转换债券或者房地产投资信托(REITs)。

(2) 一般情况下,战略型资产配置较少变动,从而对整个市场起到一定的稳定作用。战略型资产配置发生变动主要有以下几个原因:第一,投资者对风险的态度和收益目标发生显著变化;第二,对资产的收益、标准差或资产之间的相关性的预期发生显著变化;第三,出现了以前没有出现过的新的投资资产类别。从金融市场环境来看,除了发生较大的经济金融危机或者政治危机的情况外,战略型资产配置的投资类别一般是稳定的。当然,这种稳定也只是相对而言的,它也会随着经济金融环境的变化而作微小调整,但不会有太大变化。

战术型资产配置与战略型资产配置最大的不同在于战术型资产配置侧重于短期资产,这样的配置可能有不同的形式,对总收益中起作用的资产部分也与战略型配置不同。有些投资者可能会针对资产配置采取一种战术型的方法,将长期因素视为一系列短期因素之和;另外一些投资者则运用战术型资产配置来加强或抵消投资组合中的战略型决策。常见的战术型资产配置策略的时间跨度一般较短,通常为一年。但是,一些具有充足人力资源或资金的大型专业投资机构或个人投资者可能会每个季度、每个月甚至每周调整战术型资产配置。如果投资者确信一种资产在市场中被错误定价(过高或过低),并且愿意改变(降低或增加)这种资产在投资组合中的比重,那么投资者就会采用战术型资产配置策略,改变这种资产在短期或中期组合中的比重。

为了提高战略型资产配置的有效性,投资者应该为战略型资产配置中的每种资产选择适当的指数,以创造一个综合基准收益,从而可以对资产配置的总体战术型投资结果进行测评。在这里,我们将举一个例子,如表3.7所示①。其中,第一行中的数字的含义分别如下:

(1) 表示投资者战略型资产配置;

(2) 表示投资者资产配置;

(3) 表示最近年度战略型资产配置总收益;

(4) 表示最近年度投资者战术型总收益;

(5) = (1) × (3),表示资产对战略型资产配置综合基准收益的贡献率;

---

① 表3.7中的例子来源于〔美〕戴维·M·达斯特:《资产配置的艺术》(第二章),李康等译,上海人民出版社2005年版。

(6) =(4)×(2),表示资产对战术型收益的贡献率;
(7) =(6)-(5),表示战略型收益与战术型收益的总差异;
(8) =[(2)-(1)]×(4),表示可归因于资产配置决策的差异;
(9) =(1)×[(4)-(3)],表示可归因于战术型收益对指数收益的差异。

表3.7 资产收益

指数(资产类别)	以美元计价的名义总收益								
	(1)	(2)	(3)	(4)	(5)=(1)×(3)	(6)=(4)×(2)	(7)=(6)-(5)	(8)=[(2)-(1)]×(4)	(9)=(1)×[(4)-(3)]
标普500(美国大盘股)	45%	50%	28.6%	32.5%	12.9%	16.3%	3.4%	1.6%	1.8%
MSCI 日本(日本股票)	5%	3%	5.1%	4.0%	0.3%	0.1%	-0.2%	-0.1%	-0.1%
IFCI综合(新兴市场股票)	5%	2%	-22.0%	-17.0%	-1.1%	-0.3%	0.8%	0.5%	0.3%
Ibboston联合公司长期政府债券(美国长期国库券)	30%	30%	13.1%	14.6%	3.9%	4.4%	0.5%	0.0%	0.5%
Ibboston联合公司高收益债券(高收益债券)	5%	5%	0.6%	-1.0%	0.0%	-0.1%	-0.1%	0.0%	-0.1%
30天美国国库券(现金)	10%	10%	4.9%	5.2%	0.5%	0.5%	0.0%	0.0%	0.0%
总计	100%	100%					4.4%	2.0%	2.4%
综合战略型基准总收益	16.9%								
投资者综合战术型总收益	20.9%								
战略型对战术型总收益差异	4.4% =2.0% +2.4%								

在表3.7中,通过横向比较(关注"总计"所在行)可以发现,在战略型资产配置基准收益与投资者战术型收益之间的4.4%的差异中,有2%可以归因于资产配置的决策,2.4%可以归因于投资者战术型收益对基准指数收益。而通过对(7)所在列的纵向比较可以发现,在4.4%的总收益中,3.4%是来源于美国大盘股股票(3.4%的收益中,有1.6%可以归因于战术的分配50%给这种资产的结果),0.8%可以归因于新兴市场股票(其中的0.5%可以归因于将组合中的2%投资于这种资产的战术型资产配置决策,而投资者战略型资产配置中该部分资产应为5%,另外的0.3%可以归因于投资者自己的资产管理业绩-17.0%,且业绩优于IFCI综合指数-22%)。另外0.5%来源于美国长期国债,这些资产包括日本股票、高收

益率债券和现金,它们对战略型资产配置收益与投资者的战术型收益之间的差异的贡献可以忽略或为较小的负值。

3. 战略型资产配置和战术型资产配置的区别

首先,策略的决策者不一样。就证券投资基金而言,战略型资产配置通常是由基金管理公司的投资决策委员会所决定,是总体的投资策略原则;而战术型资产配置是由基金的投资职员(一般是基金经理)所决定,基金经理运用他们各自的能力和对市场的判断来把握市场机会。

其次,时间跨度不一样。战略型资产配置是长期性的资产配置,投资周期一般是3—5年,在整个投资周期内对投资组合的资产配置进行再平衡调整不是很频繁,即使是进行积极的资产配置也主要是为了获取超额收益去弥补较高的交易成本;而战术型资产配置则是短期性的资产配置,它要求投资者根据市场机会的不断变化相应地不断调整资产配置的比例,资产配置的再平衡调整很频繁。

再次,交易成本不一样。战略型资产配置在整个投资周期内对资产配置进行动态平衡的频率较低,从而交易成本较低;而战术型资产配置由于频繁进出市场,因而交易成本就比较高。

在实践中,许多投资者将战略型资产配置和战术型资产配置结合起来使用。战略型资产配置允许投资者就资产配置作出长期规划以完成未来几年或是十几年的目标,而战术型资产配置有助于投资者进行预测并对资产价格的大幅变化作出反应。达斯特(2005)则将战略型资产配置和战术型资产配置作了一个恰当的比喻:战略型资产配置就像在一场越洋帆船比赛中,选定航线,并执行从起点到终点所需的大规模的机动策略;而战术型资产配置就像帆船比赛中的短期调整一样。

三、资产配置的投入

投资比重的投入在资产配置中占据关键的位置,投资者可以通过运用定量模型、定性判断或者两者相结合的方式来确定各种资产的比重。

1. 定量模型

定量模型方法通常包括几个步骤,这些步骤可以通过专业的资产配置软件、光盘或从互联网上很容易地获得。

(1)投资者要为投资组合挑选资产类别和子类别,如一些基本的资产类别,包括股票、债券等。David M. Drast(2003)在其《资产配置的艺术》中对主要资产类别和子类别进行了全面的分析。投资者根据以下因素来评估各种资产:在正常环境及极端的经济和金融条件下,预期资产的价值可能会如何变化以及可能会有怎样的收益;与该资产相关的各种形式的风险及损失的概率;这种资产对整个投资组合的风险和收益有什么影响,以及在投资组合中如何影响其他资产并如何受其他资产的影响;这种资产何时及在什么条件下会产生异常。作者也提供了评价各种资产类别的标准,通过这些评估因素和标准分别对16种资产类别和子类别进行了研究。

（2）投资者可以对以下因素作出预测：①未来预期收益率；②所选的资产类别的风险（通常用标准差来衡量）；③每对资产类别的从未来预期收益来看的相关性；④不同时间跨度（如1年、3年、5年、10年、20年，甚至更长的时间）下的历史投资业绩、风险和收益相关性。

（3）在实践中，一个投资组合最优化计划往往包含多个资产配置方案，每个方案都有不同的预期风险与收益水平。这时，我们要严格按照资本资产定价理论中的有效边界理论来作决策，也就是选择收益率与风险的比值（夏普比）最小的方案，使得一定预期收益率水平下的风险最小，或一定风险水平下的收益率最大。这样的投资组合被认为是最优的资产配置组合。

（4）作出资产配置决策后，需要评估这个配置方案。在评估资产配置最优组合方案时，投资者可能会对投资组合中所允许的最大、最小数量设置上限百分比限制/下限百分比限制。这个步骤可以通过对最优化软件设置条件获得。

然而在实践中，许多使用投资组合最优化建模软件的投资者并不严格遵照软件的结果作出决策。就像飞行员将自动导航与手动控制相结合一样，这些投资者意识到计算机程序计算出来的结果是由对收益、风险和相关性假设的预期而确立的。这些预期未必与过去的历史情况相一致；在考虑了诸如税收、交易成本、保管和披露成本等因素的情况下，这些结果未必正确。以2008年爆发的美国次贷危机为例，华尔街的"火箭科学家"[①]们用最精确的模型也没能算出这场来势凶猛的金融危机。

2. 定性判断

正如上文所述，定性分析在投资组合的构建过程中起到作用，或者是与定量分析一起发挥作用，或者是作为投资组合设计的初始投入。资产配置的定量因素往往严重依赖于对历史数据、图表、统计工具和其他模型的分析。而定性分析往往是根据投资者自己的合理判断和其他理财顾问的建议，而不是数学运算工具或软件程序，从而确定初始投资组合中的比重，然后在合理的时间间隔中进行改变。

一般来说，资产配置定性评估方法包括以下几个方面：

（1）基本面测评标准：如经济增长（如 GDP）和盈利估计、消费物价指数（如 CPI 指数）、货币状况（如 M1、M2 等）以及工资、价格和生产力趋势变化等宏观经济和行业经济指标。

（2）估值标准：如实际利率、收益率曲线的斜率、市盈率（P/E）、市净率（P/B）[②]、公司财务指标（净资产收益率、主营业务收入、现金流量比等）等微观指标。

（3）心理、技术和流动性测评标准：如资金流量、投资者信心、波动性指数以及量价关

[①] 自从期权定价（B-S）模型被提出后，随机微分方程在华尔街的金融衍生产品中便大行其道，而这一套数学化的模型和工具正是数学、物理、化学科学工作者所擅长的。他们中的一大批人都涌向华尔街的投资银行，并被誉为华尔街的"火箭科学家"；同时，所有的投资银行都很快意识到它们必须有理论科学领域的专家队伍，否则就会落后于人。这些"火箭科学家"们很快被调到一个新的分析部门，并被分派了任务，要在短时间内根据他们精通的理论来开发出创新理财产品。

[②] 市盈率（P/E）和市净率（P/B）是股票投资策略中最常用的财务指标，前者是当前的价格与前一年的每股收益之比，后者是当前的价格与每股所有者权益之比。其中，P 表示价格（price），E 表示每股收益（earning），B 表示账面价值（book value）。如果将 P/B 的分子、分母同时乘以总股本，那么 P/B 也就是我们常用的市值账面价值比。

系等。

这些测评指标是在绝对的基础上并相对于长期历史平均数而得到的,根据当时的其他因素(如心理变化或市场情况)作出合理的判断,实际执行的指标值常常高于或低于长期历史标准。

定性方法的另一个重要内容是就不同资产间关系与可信赖的人士进行讨论,也称为专家评分法。这一方法通过与专家的讨论进行评判估计,讨论的内容包括定性的基本假设、过去和未来的预测收益,从而获得更加广泛的信息,再作出新的判断。这样做,一方面可以测试定性决策的准确性、一贯性和实际可操作性;另一方面也可以对有偏误的认识作出及时的改变。在选择及开发资产配置的定性和定量投入时,再怎么强调反思、常识和理性思考的重要性都不为过。投资者所能用到的所有模型、理论构成和根据定律做出的资产配置方案,如果没有才能、意志和智慧就会毫无意义。

第四节 主要的资产配置方法

一、动态资产配置方法

动态资产配置(dynamic asset allocation)是近些年出现的一些更为复杂和更有争议的策略。所谓的动态资产配置,是指在确定了战略资产配置之后,对资产配置的比例进行动态管理。包括是否根据市场情况适时调整资产分配比例,以及如果适时调整的话,应该如何调整等问题。但是,动态资产配置并不包括长期内所有的资产配置比例的调整,而仅指那些在长期内根据市场变化机械地进行资产配置比例调整的方法。这里的"机械性"体现在:当采用了具体的某一种动态资产配置的策略之后,任何特定的市场行为都会引发对资产配置比例的特定态度。

动态资产配置的一般方法和策略有三种:购买并持有策略、恒定混合策略和投资组合保险策略。这里只作简单介绍,本书第五章将结合实例进行分析。

1. 购买并持有策略

购买并持有策略的特征是:购买初始资产组合,并长时间持有这种组合。不管资产相对价值发生怎样的变化,这种策略也不特意进行积极的再平衡。它是一种便于操作和分析的简单策略。购买并持有策略是一种"不作为"策略(或称被动策略),不管资产的相对价值发生了怎样的变化,这种资产配置策略都不会特意地进行主动调整,因此,该资产配置策略在分析和操作上都十分简单。

在购买并持有策略下,资产的投资组合也就完全暴露于市场风险之下。它具有交易成本和管理费用最低的优势,但放弃了从市场环境变动中获利的可能,同时也放弃了因投资者的效用函数或风险承受能力的变化而改变资产配置状态,从而提高投资者效用的可能。因此,购买并持有策略适用于资本市场环境和投资者偏好变化不大,或者改变资产配置状态的成本大于收益时的状态。

2. 恒定混合策略

恒定混合策略是在资产配置过程中保持投资组合中各类资产的固定配置比例。如投资组合中只有股票和债券两种资产，为保持这一恒定资产配置，投资者需要在股票市场变化时，对投资组合进行再平衡。当股票市场上涨时，股票在投资组合中所占的比例将上升，投资者需要卖出股票，并且再投资于债券；反之，当股票市场下跌时，股票在投资组合中所占的比例将下降，投资者需要减少所持有的债券，并且再投资于股票。

在较高的股票市场水平上，恒定混合策略的回报率低于购买并持有策略，这是因为在股票市场上涨时，恒定混合策略通过卖出股票减少了有较高回报率的资产所占的比例；在较低的股票市场水平上，恒定混合策略的回报率减少，这是因为在股票市场下跌时，该策略实施了购买股票的方案。换句话说，当市场表现为强烈上升或下降趋势时，恒定混合策略的业绩表现将劣于购买并持有策略。这种策略在市场向上运动时放弃了利润，而在市场向下运动时增加了损失。然而，恒定混合策略在市场易变，并且有许多逆转，或上升运动紧跟着下降运动的情况下可能是有利的。

3. 投资组合保险策略

投资组合保险策略是在将一部分资金投资于无风险资产，从而保证资产组合的价值不低于某个最低价值的前提下，将其余资金投资于风险资产，并随着市场的变动调整风险资产和无风险资产的比例，从而不放弃资产升值潜力的一种动态调整策略。这一策略的目标是：构造并重新平衡一个投资组合以创造一个下限（最小）收益，但同时保持投资组合升值的能力。

投资组合保险策略的主要思想是：假定投资者的风险承受能力将随着投资组合价值的提高而上升，同时假定各类资产收益率不发生大的变化。因此，当风险资产收益率上升时，风险资产的投资比例随之上升。如果风险资产市场持续上升，投资组合保险策略将取得优于购买并持有策略的结果；如果市场转为下降，则投资组合保险策略的结果将因为风险资产比例的提高而受到更大的影响，从而劣于购买并持有策略的结果。反之，如果风险资产市场持续下降，则投资组合保险策略的结果较优，而如果风险资产市场由降转升，则投资组合保险策略的结果劣于购买并持有策略的结果。

与恒定混合策略相反，投资组合保险策略在股票市场上涨时提高股票投资比例，而在股票市场下跌时降低股票投资比例，从而既保证资产组合的总价值不低于某个最低价值，同时又不放弃资产升值潜力。

比较动态资产配置的三种策略，即购买并持有、恒定混合、投资组合保险的特征，如表3.8所示。首先，它表明了当市场上升及下降时，是否需要采取再平衡行动；其次，它也表明了这些策略的支付模式类型；再次，它表明了对各策略有利或不利的市场环境；最后，它表明了有效实施这些策略所需要的市场流动性。

表 3.8　动态资产配置策略的特征比较

策　略	市场下降/上升	支付模式	有利的市场环境	要求的流动程度
购买并持有	不行动	直线	牛市	低
恒定混合	购买下降 出售上升	凹	易变、无趋向	适度
投资组合保险	出售下降 购买上升	凸	强趋势	高

需要注意的是,恒定混合和投资组合保险策略为积极策略,当市场变化时需要采取行动,而购买并持有策略不需要采取行动。

二、其他资产配置方法

对于能在一定时期内产生较高投资收益的资产配置来说,投资者必须掌握再平衡资产的技巧并与其他方法相结合。在许多情况下,投资者可能会在一定程度上通过诸如资产管理人、咨询师、评级机构、金融中介机构之类的途径来获取专业知识和建议,尽管这些投资者本身就非常聪明,并且有丰富的经验和对资本市场敏锐的洞察力。借鉴达斯特(2005),我们简单介绍一些其他的资产配置方法。

1. 风格和资产子类别的选择

如果把资产配置比作挑选森林的过程的话,那么就可以把风格和资产子类别的选择比作挑选哪些品种的树木。风格和资产子类别选择也包括所谓的主体、产业或板块选择。这个方法不仅适用于股票投资,也适用于其他主要的资产类别。在一些金融市场环境下,相同资产类别的大多数资产子类别常常具有价格聚类效应(同涨同跌)现象,而在另外一些金融环境下,资产子类别可能在收益中表现出相当大的差异。因此,投资者应该注意这些重要区别,而不要看单一的资产子类别的收益走势。

例如,在债券资产中,投资者可以根据信用评级(范围从较高的投资等级到中等等级,再到低等等级)、到期期限或持续时间(从短期到中期再到长期)、资产类别(政府债券、公司债券)等来配置资产。

在股票资产中,投资者可以根据市场资本规模(从大盘股到中盘股再到小盘股)、投资风格(包括增长型、价值型和核心型,其中后者是增长型和价值型的结合)、主题(从防守型到进取型),甚至多种因素的主题(如环境敏感型、人口推动型或出口导向型公司的股票)来进行资产配置。

在替代性投资品种中,投资者可以根据资产子类别(如房地产、风险资本、私募股权和对冲基金)以及投资风格(包括并购、套利交易、可转换套汇、基于期权的策略、折价债券投资、杠杆收购活动等)来进行资产配置。

2. 地区和国别的选择

对于许多投资者来说,国际投资代表着向更大程度的分散化迈出了第一步。跨境投资者的结果可以分为"非常成功"和"仅仅可以接受",这取决于在何时何地投资以及投资期限的长短。

对于资产投资类别和风格,在某些金融市场环境下,特定国家和地区的资产变动的方向和幅度基本一致;而在其他情况下,这种变化有差异,甚至完全不同。例如,在20世纪80—90年代以及进入21世纪之后的一段时间,日本固定收益证券和股票价格上升或下降的时候,其他国家或地区的类似资产的价格变化方向与之不同。

由于中国的金融市场还没有完全向国外开放,国内投资者投资海外资本市场也受到一些限制。但是从2007年开始,部分符合条件的机构投资者可以向海外资本市场投资,即合格境内机构投资者,俗称QDII(Qualified Domestic Institutional Investors)。当2007年QDII推出以后,中国香港、新加坡等亚洲资本市场出现不同幅度的上扬,据称主要原因是QDII的利好消息,同时香港交易所的蓝筹股上涨势头明显,创下2006年以来的最大单日涨幅。而在2002年11月,中国已经推出了合格境外机构投资者(QFII)制度;2003年6月,首家QFII进入中国。

3. 资产管理人的选择

在许多方面,管理人的选择是影响资产配置的一个最重要的因素,特别是对那些将资金分配到许多资产上的投资者而言。投资者可以决定由自己管理部分资产——直接进行投资或者通过指数基金之类的方式来管理。在20世纪80—90年代,指数基金的数量增长很快。另外一个趋势是:有些大型专业投资机构把期货和其他种类的金融衍生品工具作为一种快捷有效和低成本的方法来增加或减少基于指数的特定类别的风险。

与20世纪80—90年代相比,现在投资者获得资产管理人的信息、数量和质量都有了很大的提高。同时,资产管理人的数量也在急剧增加。投资者可以通过以下措施来获得丰富的关于资产管理人的信息:通过业绩报告方法的标准化比较;通过报纸、互联网的宣传体系来扩大信息渠道;获得资产管理人的信息,包括基本信息、定期报告、关于资产管理人雇佣和薪酬机制的正式程序。

4. 币种的选择

在选定一种参考币种或基础币种之后,投资者应该考虑是否对冲投资组合中基础币种之外的币种带来的风险。虽然对冲机制能在一定程度上减少投资组合收益的总体波动性,但是对冲机制可能会产生一笔高昂的成本。

虽然投资者可以赞成或反对在投资组合中选择对冲机制来减少风险,但是在短期内,未被预测到和未被对冲的币种风险也能增加或减少投资于境外的资产的回报率。因此,投资者必须评估任何币种的升值或贬值幅度对基础币种可能的影响。

5. 市场时机的选择

市场时机的选择方法的吸引力常常受到投资者对所投资的具体资产价格的预期的影响。例如,在资产价格一直稳定上升且预计这一趋势会持续下去时,投资者常常会忽视市场时机选择。另一方面,如果资产价格一直以上下或者偏移的模式进行波动,并且预计将以这种方式持续下去的话,那么投资者和资产管理人常常就会更加重视选择市场时机。投资者可能会根据一个固定的时间表向所涉及的资产增减资金,期望从价格波动中获益。

市场时机和资产配置的另一个交集是投资者的思维和目标。那些长期以风险控制手段将资产配置作为组合保值、增值手段的投资者,可能会运用购入并持有策略。这种策略让盈利资产的份额持续增加,同时减少亏损资产的份额。在股票资产投资中,有些投资者偶尔会采取选择市场时机的动量方法,即基于动量对市场实际进行各类具体化。这种方法由于涉及较大的投资组合调整率和较多的交易活动,使得交易成本和不确定性增加,从而容易产生较大的风险,因此常常被从资产配置的基本原则和目标中剔除出去。

以上我们介绍了理财规划的主要流程。首先分析投资者自身的财富和需求,然后对整个宏观经济政策和金融市场的中观层面进行分析,再通过对公司财务报表的研究,从而选择合适的资产配置方法,最后形成合理的投资分析、决策分析报告(对此,我们将在下一章进行专门阐述)。图3.6列示了金融理财规划的工作流程。

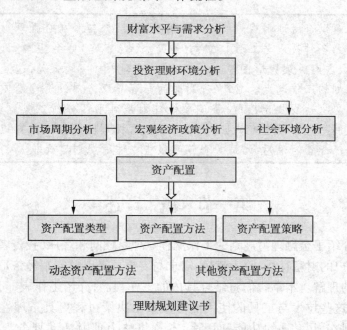

图 3.6 金融理财规划的工作流程图

本 章 小 结

本章首先从财富水平约束条件下资产配置的类型、风格、导向和投入入手进行分析,然后根据宏观经济政策对资本市场的影响特征,分析如何在不同宏观经济政策影响下进行资产配置;同时,本章重点介绍了资产配置的各种方法,以及如何在不同的方法下进行合理的投资理财资产配置。

第四章 金融理财规划的技术与工具

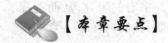【本章要点】

> 本章以金融理财规划的工作流程为主线,介绍了在金融理财规划中常用的各种技术与工具。首先,借助个人(家庭)财务报表、风险测评问卷、方案决策树形图等工作表来了解客户的基本情况,这是金融理财规划的工作起点。其次,理财顾问与客户双方对投资理念或投资世界观应当达成共识,而投资理念矩阵则是可用的分析工具。再次,理财顾问把握各类资产特征,使用资产配置树形图或资产配置矩阵来进行资产配置。最后,形成投资策略报告或理财规划建议书。

第一节 概 述

上一章详细介绍了金融理财规划的工作流程。理财顾问和客户(投资者)在构建资产组合之前,需要对客户的财富存量、收入流量、需求与支出预算以及宏观经济形势、金融市场前景等方面有深刻的理解。本章我们将结合具体的工作程序,介绍工作表、问卷、矩阵和树形图等技术与工具,这些技术与工具的使用能够使整个决策过程更具条理性、组织性和系统性。为了说明各种分析工具的功能和用途,本章将整个理财活动划分为如下四个环节:(1)了解客户基本信息;(2)梳理投资理念或投资观;(3)开展资产配置;(4)制定投资策略报告。以下各节将分别详细阐述各步骤的具体内容及金融使用的各种分析工具,包括工作表、问卷、矩阵、树形图等。

理财规划工具主要有:工作表(如表4.1和表4.4所示)、问卷(如表4.3所示)、矩阵(如图4.4和表4.7所示)和树形图(如图4.2和图4.5所示)。本章随后将具体介绍各种工具的范例及使用。

理财规划的技术与工具是理财顾问开展工作的有效手段。它有助于使繁杂的信息更加系统、简明,提高了理财顾问搜集、筛选信息的效率,增强了理财规划工作的条理性和清晰性。其作用主要表现在如下四个方面。

第一,有利于理财顾问客观地了解客户。

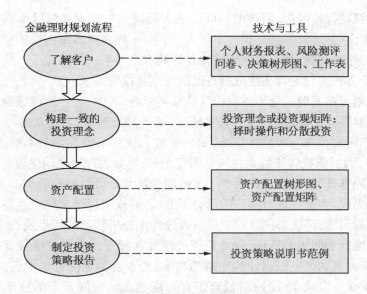

图 4.1　金融理财规划简要流程及相关技术与工具

了解客户是金融理财规划的开端,决定着整个理财规划的成败。对客户信息理解的偏差不仅会导致理财规划方案的方向性错误,而且会给客户或投资者带来直接的经济损失。然而,即使是理财顾问与客户之间面对面交流,理财顾问也很难通过语言表达的形式真实刻画客户的内心世界,原因就在于这些语言表达充满了客户的个人主观思维,而理财顾问在拟定投资策略报告(说明书)时,不能被客户的个人主观思维所左右,应当客观反映客户的投资需求。诸如工作表、问卷、矩阵和树形图之类的理财规划工具能够帮助理财顾问从多渠道、多样化的信息中梳理出对理财规划有用的信息,并且通过这种途径获取的信息比通过直接面谈、口头交流方式获取的信息更加客观、可靠。

第二,有利于提高理财规划方案制定的质量和效率。

每一位客户或投资者的财富水平、收入与支出预算、收益预期、风险承受能力、投资偏好等各不相同,并且不同人生阶段的理财目标也存在较大差异,因此理财顾问必须根据客户的具体情况制定不同的理财规划方案。但是,这并不否认工作表、问卷、矩阵和树形图等工具的积极作用,这些工具没有固定的格式和内容,理财顾问应当根据实际情况灵活设计。尽管如此,在长期的实务工作中,理财顾问可以不断积累这些理财规划工具的运用经验,并不断加以完善,最后形成的工作表、问卷等完全可以成为一般性了解或分析中的必要环节或步骤。程序化可以缩短理财方案的制定时间,提高方案的质量。如需更深入理解客户的投资特点,则有待理财顾问就特定客户设计单独的工作表或问卷。

第三,有利于理财顾问与客户之间形成一致的投资理念。

客户是资金的所有者,因而对任何建议都拥有否决权,但客户往往并不是金融领域的专家,对某些金融资产的特性以及经济形势的理解都不如专业理财顾问深入,从而导致双方在某些投资理念上存在分歧。比如,客户认为择时操作能带来超过市场平均收益率的回报,要求理财顾问及时调整投资时机,而理财顾问则从大量研究中发现择时操作在考虑交易成本后回报甚微,甚至出现亏损。此时,相关工作表、问卷、矩阵和树形图的使用可以使双方的投资理念趋于一致,达成共识,从而有利于维持良好的客户关系。

第四,有利于客户或投资者理性分析自己的特点及投资需求。

金融理财规划方案的制定受多方面因素的共同影响,其中,客户的情感是无法忽视的重要因素。在与理财顾问交流理财目标、基本情况、资产静态配置、方案动态平衡的范围和时机等问题时,客户通常存在一些惯性思维,如由于过去投资某股票获利丰厚,客户一直对该股票"情有独钟",而目前投资该股票并非是明智之举;再如当理财顾问建议客户投资一定比例的国际股票共同基金时,客户也许由于不了解而否认其是可以投资的资产。因此,客户或投资者通过自己完成,抑或在理财顾问的指导下完成,抑或由理财顾问设计并完成这些工作表、问卷、矩阵或树形图,都能够使客户或投资者理性地分析自己的特点及投资需求,并对以下诸多方面有更准确和明智的认识:哪些是资产配置和投资策略决策中最重要的个人因素和外部因素;资产配置如何突破以往的策略和基准;投资者偏好的资产组合;投资者的独特境况、对风险的承受度以及个性特征;投资组合可能涵盖的金融资产的短期及长期市场前景;投资领域中特定投资工具的特征、优点以及缺陷;不同种类的投资风险以及规避或者尽量最小化风险的可能方式;对应于不同地区、币种以及特定资产类别的计划及实际的资产配置方式。

第二节 了解客户基本信息

客户的基本信息对理财方案的制定、最终理财业绩都起到决定性的作用。理财顾问只有全面、深入地了解了客户的基本情况后,才能够制定出最符合客户实际情况的方案;否则,即便是收益最高的规划方案也未必是最适合特定客户的。然而,客户的基本信息涉及多方面内容,为了提高搜集、筛选信息的效率,理财顾问可以运用相关的技术与工具来深入、全面地了解客户。

一、需要了解的基本信息

初次与客户建立关系对理财顾问来说是非常重要的,直接关系到客户关系能否正式建立,以及客户对理财顾问个人和所属公司的信任度。在与客户初次建立关系时,为了取得客户的信任,同时也为了初步了解客户,通常就如下主要议题展开讨论:

(1)让客户认知理财规划对其人生的重要性。

(2)让客户知道你所属的单位及你个人有足够的专业素质可以帮他做整体的理财规划。

(3)取得客户愿意规划的承诺(独立顾客需签约)。

(4)依职业道德为客户保密并告知应披露事项。

(5)以客户陈述及发问的方式确认客户需求。

（6）列出客户应提供的信息清单或问卷，请客户准备填写。

在金融理财规划报告的制定和执行过程中，客户的基本情况是理财顾问制定理财规划方案的基础。通常来说，客户或投资者的基本情况主要包括但不局限于以下六个方面。

1. 财富存量实力与收支流量预期

客户的财富存量往往决定了客户的初始资金规模，即可供投资的资金限额，这是理财顾问确定金融资产类别及权重的基础。而收入与支出的预期决定了可供投资的资金期限结构，理财顾问据此可以规划不同期限结构的资产，这将对理财方案的整体收益与风险产生重要影响。

2. 理财规划的主要目的

理财的目的是理财方案得以产生的根本原因，并且因人而异、因时而异。若客户是个人投资者，则其主要理财目的可能是解决当前家庭财务的困境（如自然灾害导致家庭财产价值大幅减损、疾病导致巨额医疗费用支出、失业导致家庭收入大幅减少等），也可能是规划购房、子女教育、退休等一般性需求，还可能是应对家庭结构或生涯转变的特殊需求（如结婚、离婚、生子、赡养父母、换工作或创业等）。若客户为机构投资者，则其理财目的可能是资产的保值增值等。

3. 理财规划的主要对象

一般来说，理财的主要对象是客户及其主要家庭成员，因而理财顾问除了需要了解客户本人外，还要了解其主要家庭成员的基本信息，如年龄、与客户的关系、职业、健康状况等。具体而言，家庭理财所考虑的家庭成员，是以同住一个屋檐下或依赖客户抚养者为主。如果子女已成立家庭，可以不用考虑；居住在外地但需要客户汇钱赡养的父母应列入家庭成员。

4. 对未来经济形势的判断或预期

关于未来经济形势的判断是一项不确定性十分突出的工作，投资者在预测未来经济形势的发展趋势及实现路径时，多渠道来源的信息以及难以刻画的主观判断，使得经济预测过程体现出较大的差异性。一般来说，可以将投资者的经济预期大致划分为五种类型：高度看多、适度看多、看平、适度看空和高度看空。

5. 收益要求与风险承受能力

客户对投资收益的要求以及风险承受能力直接决定了资产选择的种类及配置的权重，因而理财顾问在获取客户投资收益方面的信息时，除了需要了解预期收益水平的高低以及风险承受能力外，最好能够掌握客户设定此收益水平的依据或理由，即：这一收益水平是投资者的主观臆想，还是建立在目前实际境况下的合理推断？另一方面，风险承受能力与投资心态、投资目标紧密相关，理财顾问可以通过诸如风险（属性）测评问卷的方式获取投资者该方面的信息。

6. 投资范围及限制

在实务中，通常会遇到客户坚持己见的情况，即：尽管表现不佳，但始终坚持投资于某一类或几类金融资产。这是由客户的惯性思维决定的。然而，毕竟资金是客户拥有的，理财顾问在制定理财规划方案时，应将客户偏好纳入方案制定过程中，这样才能最大化客户的投资效用函数。如果理财顾问与客户是初次合作，那么客户也许只愿意先委托规划部分资产；待逐步获得客户信任后,理财顾问可以规划全部资产,最后也可以进一步全方位规划客户的保险、税务、遗产等理财事项。

除以上六类主要的客户基本信息外,还有其他一些信息也是理财顾问需要针对特定客户而加以了解的,如是否为居民纳税人、所得税适用的类别、是否有社保福利、是否有企业年金福利、是否因非本国籍而在投资上受到限制、特定资产的持有成本、投资期间抽取资金的比率及可能性等。

二、常用的工具

金融理财规划的差异性决定了不可能存在一种或一套所谓的了解客户基本情况普遍适用的工作表、问卷、矩阵、树形图等技术与工具。然而,某些客户信息是绝大多数理财规划工作都会涉及的,熟知这些一般性的信息内容也是非常有用的。本章将介绍一些常用的规划工具,如个人(家庭)财务报表、风险测评(或属性)问卷、理财目标及方案决策树形图、投资者基本情况工作表、投资前景工作表、投资领域工作表等。这些常用工具涵盖了客户的大部分一般性信息。

1. 个人(家庭)财务报表

个人(家庭)财务报表可以用来定量反映客户个人或家庭的财富存量和历史收支流量,使理财顾问和客户都能理性地认知后者的财务实力。在理财规划中,可以要求客户填写或提供个人(家庭)财务报表,其中包括资产负债表、利润表和现金流量表,这些报表主要用以反映客户的财务存量和收支流量。在实际的理财活动中,资产负债表和现金流量表运用得较多,因此本章提供它们的范例供读者参考,如表4.1和表4.2所示。

表4.1 个人(家庭)资产负债表

资 产	金 额	比 重	负债与权益	金 额	比 重
现金			信用卡循环信用		
活期存款			分期付款余额		
货币市场基金			其他短期负债		
流动性资产合计			**流动性负债合计**		
定期存款			投资用房产贷款		
教育储蓄存款			金融投资贷款		
国债			**投资负债**		
基金			汽车贷款		
国内股票			住房公积金贷款		
住房公积金账户			自用房贷款		
个人养老金账户			**负债合计**		
医疗保险金账户					
企业年金账户			流动净值		

第四章　金融理财规划的技术与工具 65

续表

资　产	金　额	比　重	负债与权益	金　额	比　重
房地产投资			投资用净值		
贵金属、艺术品			自用净值		
投资性资产合计			**总净值**		
自用汽车价值					
自用房产价值					
自用性资产合计					
资产合计					

表4.2　个人(家庭)现金流量表

家庭所得项目	本人	配偶	合计	家庭支出项目	本人	配偶	子女	合计
工资、薪金				食品饮料				
个体工商户经营				衣着服饰				
劳务报酬				房租支出				
稿酬				家用服务				
特许权使用费				交通通讯				
利息				教育支出				
股利				娱乐				
财产租赁				医疗保健				
财产转让				零星消费支出				
证券投资资本利得				车贷利息				
偶然所得				公积金贷款利息				
现金流入合计				自用房贷款利息				
				投资房贷利息				
				其他利息				
				保障型保费				
				现金流出合计				

2. 风险测评(或属性)问卷

客户的风险承受能力是影响理财顾问拟定理财方案的重要因素,理财顾问应尽量对客户的风险承受能力有一个较为客观的把握。但是,风险这一属性又是难以定量刻画的。风险测评(或属性)问卷通常是用评定分值的方法来判别客户的风险属性。我们以表4.3为例,来说明风险测评(或属性)问卷的使用。

表4.3 风险测评(或属性)问卷

请选择你认为合适的答案:

1. 你投资60天之后,价格下跌20%。假设所有基本情况不变,你会怎么做?
   a. 为避免更大的担忧,把它抛掉再试试其他的
   b. 什么也不做,静等收回投资
   c. 再买入,这是投资的好机会,同时也是便宜的投资

2. 现在换个角度看上面的问题。你的投资下跌了20%,但它是资产组合的一部分,用来在三个不同的时间段上达到投资目标。

2A. 如果目标是5年以后,你怎么做?
   a. 抛出   b. 什么也不做   c. 买入

2B. 如果投资是15年以后,你怎么做?
   a. 抛出   b. 什么也不做   c. 买入

2C. 如果投资是30年以后,你怎么做?
   a. 抛出   b. 什么也不做   c. 买入

3. 你买入退休基金一个月以后,其价格上涨了25%。同样,基本情况没有发生变化。在沾沾自喜之后,你怎么做?
   a. 抛出并锁定收入
   b. 保持卖方期权并期待更多的收益
   c. 更多地买入,因为可能还会上涨

4. 你的投资期限长达15年,目的是养老保障,你更愿意怎么做?
   a. 投资于货币市场基金或保证投资合约,放弃获得超额收益的可能性,重点保证本金的安全
   b. 一半投入债券基金,一半投入股票基金,希望在有所增长的同时,还有固定收入的保障
   c. 投资于不断增长的共同基金,其价值在该年可能会有巨幅波动,但在5年或10年之后有巨额收益的潜力

5. 你刚刚获得一个大奖,但具体是以下哪一个,由你自己决定。
   a. 2 000元现金   b. 50%的机会获得5 000元   c. 20%的机会获得15 000元

6. 有一个很好的投资机会,但是你得借钱,你会接受贷款吗?
   a. 绝对不会   b. 也许会   c. 会的

7. 你所在的公司要把股票卖给职工,公司的管理层计划在3年后使公司上市。在上市之前你不能出售手中的股票,也没有任何分红;但公司上市时,你的投资可能会翻10倍。你会投资多少钱买股票?
   a. 一点儿也不买   b. 两个月的工资   c. 四个月的工资

注:① 风险容忍度打分:选a的项目得1分,选b的项目得2分,选c的项目得3分。
    ② 风险属性判别范围:9—14分为保守的投资者;15—21分为温和的投资者;22—27分为激进的投资者。

3. 理财目标及方案决策树形图

理财目标是制定理财规划方案的出发点,而实现特定理财目标有多种途径,如何从各种途径中找到最适合客户或投资者特定理财要求的方案,则是理财方案决策所要解决的问题。理财方案决策在整个金融理财规划流程中起着举足轻重的作用。树形图的使用可以帮助理

财顾问和客户更加清晰、客观地分析各种决策的利弊,以及更直接地估算各方案的经济后果。比如,当一对新婚夫妇正在考虑住房问题时,其理财目标是获取住处。在不考虑本人意愿的情况下,有三种方案可以实现其理财目标:与父母同住、购房、租房。所有决策方案如图4.2所示。

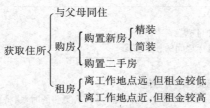

图4.2 获取住所决策树形图

又如,客户在向理财顾问征求理财意见时,同时也向理财顾问透露其正在考虑与爱人分手的问题。理财顾问同样也可以使用树形图的方法帮助客户理性地分析各种后果,当然,整体决策过程尚未将客户的个人情感等因素考虑在内,可能方案如图4.3所示。

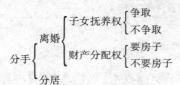

图4.3 夫妻分手决策树形图

4. 投资者基本情况工作表

投资者基本情况工作表的主要作用在于让理财顾问掌握客户的基本情况,这样才能使得随后的资产配置方案建立在客观、理性的基础上。同时,通过填写这些工作表,客户也对自身的特点有了更全面的认识。客户的基本情况涵盖了较多内容,在这些内容中,有些是可以用数值可靠计量的,而有一些则是难以用具体的数值可靠计量的。对于后者,理财顾问应尽量通过定性的方法加以把握。

表4.4用26个具体的问题来描述投资者的基本情况,同时该范例将投资者的基本情况划分为10个方面:(1)个人特征;(2)投资意图;(3)投资目标;(4)风险承受度;(5)投资时间跨度;(6)对未来预期的信心程度;(7)收入需求;(8)税收状况;(9)资本增值能力;(10)财产状况。

表4.4 投资者基本情况工作表

1. 投资者个人特征
　　A. 投资者年龄
　　B. 投资者在退休前的预计工作年限
　　C. 对退休年限的合理预期
　　D. 投资者过往的投资经验
　　E. 投资者对手头投资组合的倾向性
　　F. 投资资金的来源

续表

2. 投资意图	
A. 投资者资金的最终用途	
B. 投资者支出的时间选择和数量	
C. 投资者资金的用途是否有优先次序	
3. 投资目标	
A. 投资者的投资组合要达到何种目标	
B. 投资者是否意识到不同投资目标之间的相互权衡	
4. 风险承受度	
A. 投资者承受现实损失和潜在损失的能力如何	
B. 当投资者面临投资组合的损失为10%、20%、30%、40%或者更多的时候,将会如何应对	
5. 投资时间跨度	
A. 投资者投资时间的长度	
B. 投资者何时将需要全部或部分收回资本	
6. 对未来预期的信心程度	
A. 投资者对其短期、中期和长期资本流入和流出情况的信心	
B. 投资者对其资产短期、中期和长期投资收益情况的信心	
7. 收入需求	
A. 从投资组合中抽取资金的可能时间和金额	
B. 收入需求的范围和能否预测	
C. 为适应变化的资产配置、投资结果以及投资者或其他受益人的寿命,投资者调整预期收入需求的难易程度	
8. 税收状况	
对投资者当前或将来可能的收入、资本利得、房地产、财产等征税类别所征收的联邦税、州税、地税或者(有可能的话)国际税	
9. 资本增值能力	
A. 如果必要的话,投资者产生额外资本的难易程度	
B. 通过非杠杆资产抵押借款或者将资产变现,在未来某个时点获取大量现金的可能性	
10. 财产状况	
A. 投资者资产净值的规模	
B. 投资者资产净值的表现形式	
C. 投资者对其资产净值的保护程度	

5. 投资前景工作表

投资前景工作表的主要目的在于帮助投资者了解宏观经济形势、预期金融前景和各类资产的收益风险特征及趋势判断,并力求利用最新信息辨明这种趋势持续的时间及强度。总体投资前景不仅影响资产配置中所选资产的潜在收益,而且引导投资者选择正确的投资方式。

表 4.5 中涵盖了涉及投资前景的 21 个问题,共分 10 大类:(1)对未来的总体看法;(2)市场情景分析;(3)长期前景;(4)最近的短期收益;(5)最近的长期收益;(6)预期的不确定性;(7)周期性前景;(8)风险分析;(9)资产价格驱动因素;(10)价格和价值的背离。

第四章 金融理财规划的技术与工具 69

表 4.5 投资前景工作表

1. 对未来的总体看法
   A. 决定投资资产前景的主要影响因素
   B. 上述影响因素的绝对和相对强度
   C. 上述影响因素何时以及如何作用于主要的资产类别

2. 市场情景分析
   A. 投资者资金的最终用途
   B. 投资者支出的时间选择和数量
   C. 投资者资金的用途是否有优先次序

3. 长期前景
   A. 影响投资资产的长期市场状况是变好还是变坏
   B. 这些长期影响因素将持续多长时间,会出现什么新的因素加强、增加或者取代原先的影响因素

4. 最近的短期收益
   A. 投资资产以及特定资产类别最近的短期收益模式以及与历史平均值比较的情况
   B. 引起收益延续、停滞乃至反转的原因

5. 最近的长期收益
   A. 投资资产以及特定资产类别最近的长期收益模式以及与历史平均值比较的情况
   B. 引起收益延续、停滞乃至反转的原因

6. 预期的不确定性
   A. 对影响投资资产的主要变量进行预测的难易程度
   B. 如果投资者在预测中出现重大错误将带来何种后果

7. 周期性前景
   A. 影响投资资产的周期性市场状况在未来是变好还是变坏
   B. 这些周期性影响因素将持续多长时间,抵消这些影响的因素多久可以形成并且扭转原先因素的影响

8. 风险分析
   A. 投资前景中包含的主要风险
   B. 这些风险如何被观测到

9. 资产价格驱动因素
   A. 给定资产类别和资产子类别有什么主要的价格驱动因素
   B. 这些价格驱动因素怎样相互关联并发挥作用,何种因素会加强或削弱其作用

10. 价格和价值的背离
    A. 给定资产类别的价格和价值背离的程度
    B. 这种背离的趋势是什么

6. 投资领域工作表

投资领域工作表更加直接地让投资者分析各类资产的特征,从而可以判别是否符合投资者的理财目标,对每一类资产的特征进行客观分析,有助于正确地选择资产类别及应投资的权重。除此之外,该工作表还能够帮助理财顾问认识投资者在过去理财活动中形成的一些投资惯性。

表 4.6 列示了有关投资领域的 20 个方面,同样可以归纳为 10 个大类:(1)股权投资还是债券投资;(2)投资本国资产还是非本国资产;(3)投资传统资产还是另类资产;(4)风险/

收益特征;(5)分散及相关性特征;(6)品质特征;(7)流动性特征;(8)投资工具类型;(9)税收状况;(10)持有成本。

表4.6　投资领域工作表

1. 股权投资还是债券投资
   A. 投资者维持短期和中期名义资本(如保持预期价格的低幅波动)与维持中期和长期购买力的意愿程度比较
   B. 投资者对成为债权人(如放贷者或者债券的购买者)或者所有人(在固定收益证券持有人的权益得到满足后才能主张权利并分配利润)的偏好

2. 投资本国资产还是非本国资产
   A. 投资者投资于非本国的地区、国家、公司、债券发行人、行业部门以及货币的意愿程度,以及对该类投资有利和不利方面的理解程度
   B. 投资者投资组合中的非本国资产和本国资产相比,走势会有何种异同

3. 投资传统资产还是另类资产
   A. 为了追求高额收益、不同的收益模式和相异的收益率,投资者将资金投入到另类资产的意愿
   B. 当传统资产不能产生令人满意的收益时,另类资产在保持或者提高投资组合收益的同时确实发挥分散投资优势的可能性

4. 风险/收益特征
   A. 备选资产的风险/收益情况以及趋势的显著程度
   B. 在市场有利和不利的情况下,备选资产在投资组合中存在与否将如何影响整体投资组合的表现

5. 分散及相关性特征
   A. 备选资产在一个适度分散(或集中)的投资组合中所起的作用
   B. 备选资产与投资组合中其他主要资产的收益相关程度,以及造成这种相关度随时间变化的因素

6. 品质特征
   A. 投资组合中每一种资产品质的测算方法和每一种资产的品质
   B. 投资组合中每一种资产品质的可能变化趋势以及总体投资市场评价如何反映不同的资产品质

7. 流动性特征
   A. 在不显著影响市场价格的常态投资市场条件下投资者买卖特定资产的难易程度
   B. 在不显著影响市场价格的非常态投资市场条件下投资者买卖特定资产的难易程度

8. 投资工具类型
   A. 投资组合中囊括的每种资产类别的投资工具类型有何优、缺点
   B. 投资组合中投资工具类型所涵盖范围的恰当复杂性

9. 税收状况
   A. 备选的资产和投资工具类型现在和未来的税收状况如何
   B. 备选的资产和投资工具类型的税收状况是否会影响投资者的整体税收状况

10. 持有成本
    A. 投资者持有特定资产的初始和后续成本
    B. 是否考虑了持有资产的显性和隐性成本

第三节 构建共同投资理念

一、共同投资理念的重要性

投资理念是对投资者如何看待金融市场投资与操作经验的方法的概括，包括如何投资于金融市场和特定投资品种，怎样依据偏好的信息和咨询渠道行事，遵循何种投资评价标准以及可仿效的成功模式。在对客户有了初步的了解后，理财顾问可能并不赞同客户对理财规划持有的某些看法，甚至双方在某些重大投资理念或投资世界观方面存在分歧。如果这种分歧一直存在于整个理财规划过程中，势必会影响到理财顾问与客户之间正常的客户关系，客户可能不会支持理财顾问拟定的理财方案，最终导致双方合作的终止。需要注意的是，并不是理财顾问与客户之间所有的意见或看法都称为投资理念，也并不是双方所有的投资理念分歧都会对金融理财带来重大的负面经济后果。很难确定一种普遍适用的理念或世界观，也无法保证某种世界观就一定能够给投资者带来超额回报。

理财顾问与客户之间投资理念共识的形成，除了对理财业绩产生重要影响外，在以下三个方面也具有重要的作用。

第一，可以对客户进行有针对性的指导。理财顾问作为该领域的专业人士，具有较强的专业背景和丰富的理财经验，一般来说比客户更能准确地把握未来经济形势趋势，并更深刻地理解各类金融资产的收益与风险特征。在对客户有了初步了解后，理财顾问可以就理财规划中的重大问题与客户进行交流沟通，特别是当客户对理财规划中的某些方面存在理解错误或偏差时，应当进行有针对性的指导，并在适当时帮助客户弥补相关专业知识。这一过程同时有助于客户扩展知识面并不断地积累投资经验。

第二，让客户更好地理解理财顾问的工作。资金是客户所有的，客户承担着资金管理的最终风险，他们有权利也有必要认知理财顾问管理资金的过程，而不仅仅是资金管理的结果。因此，在投资理念方面达成共识，促使客户将眼光前移，即从关注投资结果前移到关注影响投资结果的投资方案制定，这样有助于客户更好地了解理财顾问的工作流程及关键环节，并理解投资风险的客观性及风险管理的重要性，若投资风险超过其承受范围，可以及时要求理财顾问予以调整，有效地控制投资风险。

第三，维持客户关系。良好的客户关系是理财顾问工作得以开展的基本前提。在实际工作中，理财顾问与客户难免在某些问题上存在分歧，彼此之间不理解对方的观点或行为，这样的客户关系不可能长久维持，随时可能终止。通过交流沟通双方各自的投资理念，一方面对客户进行教育指导，另一方面让客户更好地了解理财顾问的理财工作过程，从而有助于加深彼此之间的理解，这样的客户关系则为理财活动提供了基础性的保障。

二、投资理念矩阵

罗杰·C·吉布森（Roger C. Gibson）认为投资理念或投资观最重要的两个问题是：(1)市场择时操作可能成功吗？(2)可能得到比市场组合更优越的证券集合吗？从本质上

讲,罗杰·C·吉布森认为投资理念最核心的问题是技术决策能否战胜市场,这里的技术包括两类:择时操作和分散投资。同时考虑这两个方面,可以得到一个 2×2 的投资理念矩阵,如图4.4所示:

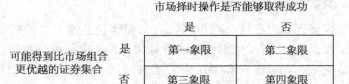

图4.4 投资理念矩阵

对上述两个问题的回答构成了四个象限,分别可以得到四种不同的投资理念:第一象限代表第一种投资理念,认为选择不同时机和选择不同的资产组合都可以带来超过市场平均收益率的回报;第二象限代表的投资理念认为选择正确时机能够战胜市场,而分散投资则不能;第三象限代表的投资理念则相反,认为更优越的资产组合能战胜市场,而投资时机的选择则是徒劳无功的;第四象限代表的投资理念与前述三种都不同,认为技术决策毫无用处,在有效资本市场假设下,择时操作和分散投资在长期内也只能获得市场平均收益率。

很多投资经验不足的客户都持有第一种投资理念,希望理财顾问能够成功预测资产短期波动,并轮流投资于表现好的资产,从而为自己带来丰厚回报,这也是客户花钱雇用理财顾问的根本目的。理财顾问和职业资金经理大部分都持有第二种投资理念。他们在投资组合理论的指导下,尽力寻找相关关系为负的或不显著的资产类别,并构建特定的资产组合,而他们通常认为择时操作对整体投资收益的提高并无明显促进作用。在大量实证研究中,有些学者甚至发现在考虑交易成本后,择时操作的总体收益水平为负。如威廉·F·夏普(William F. Sharpe)的研究发现:一个有市场择时意识的财务顾问成功的概率为3/4,跟没有市场择时意识的竞争者的总体水平相当。第三种投资理念的追随者最少。他们不相信存在更优的资产组合,因此通常选择低成本的指数基金作为投资方式。

理财顾问与客户可能持有不同的投资理念,但在有效资本市场的假设下,第四种投资理念是最贴近现实的。第四象限的投资者遵循广泛分散的多等级资产投资策略,并以指数基金作为构建模板。这种资金管理方法并不是简单的"买进持有"策略。随着市场变动,每类资产在组合中的配置权重也应该发生变化。这就要求投资者根据长期战略目标,不时调整组合的资产配置,使之重新达到平衡。

需要注意的是,在现实中,无论是客户、理财顾问还是外界金融媒体,有时都不愿接受第四种投资理念。客户总希望自己的投资策略是明智的,而理财顾问更是抵制该理念,因为它威胁到该行业的存在和发展,以及自身工作的社会价值;外界金融媒体为客户战胜市场提供信息与指导,第四种投资理念则否认其信息价值。投资理念或投资世界观一旦达成一致,理财顾问便可以在投资理念的指导下开展下一步的工作,即配置资产种类及权重,并形成投资策略报告。

第四节 开展资产配置

一、可供选择资产类型

随着金融市场的不断发展,可供投资的金融资产和各类金融产品多种多样、层出不穷。金融理财规划在配置资产时,首先应该清楚地认识可供选择的资产种类及其特点。从总体上看,这些资产主要包括债券、股票、基金证券、外汇、保险单、金融衍生工具和其他资产。

债券是指债务人在筹集资金时,依照法律手续发行,向债权人承诺按约定利率和日期支付利息,并在特定日期偿还本金,从而明确债权债务关系的有价证券。

股票是指股份公司发给股东作为入股凭证,股东凭此取得股息收益的一种有价证券。作为股份公司的股份证书,股票主要是证明持有者在公司拥有的权益。

基金证券又称投资基金证券,是指由投资基金发起人向社会公众公开发行,证明持有人按其所持份额享有资产所有权、资产收益权和剩余财产分配权的有价证券。

外汇是国际汇兑的简称,是指以外币表示的用于国际间结算的支付手段。如外国货币、外币支付凭证、外币有价证券、特别提款权、欧洲货币单位等。

保险单是指保险人接受了被保险人的申请以后,在交纳保险费的基础上订立的保险契约。

金融衍生工具是指在基础性金融工具(如股票、债券、货币、外汇,甚至利率和股票价格指数)的基础上衍生出来的金融工具或金融商品,如期货、期权、远期、互换等。

其他资产则主要包括可供投资者选择的房地产、贵金属、艺术品、古董、良种马等资产。然而需要注意的是,并不是所有的投资者都认为应当把这类资产纳入理财规划的范围内,原因在于持有这类资产的投资者不仅仅是为了资产的保值增值,而且也体现了投资者个人的情感因素。尽管如此,投资者并不能否认该类资产在分散非系统性风险中的作用。

面对种类繁多的资产,投资者应当投资哪几类资产?各类资产的配置权重怎么确定?当外部经济形势和投资者内部个人特性发生改变时,应如何重新调整?资产配置树形图和矩阵的运用将有助于理财顾问和客户回答这些问题。

二、资产配置树形图

资产配置树形图如图4.5所示。理财顾问首先应当通过前几个步骤的实施,确定客户理财的资金总额,然后根据客户要求的投资收益和风险承受水平,确定分散投资的程度,最后分别确定分配给短期债务投资、长期债务投资和权益投资的百分比与金额。通常情况下,这些百分比一旦确定便不再更改,除非客户的风险承受能力、投资期限或财务状况发生了重大改变。接下来,客户需要与理财顾问一起在以下7类资产之间合理配置投资权重:短期债务工具、国内债券、国际债券、国内股票、国际股票、房地产投资工具与资产保值投资。

值得注意的是,资产配置中各种资产权重的分配应根据投资者的个人特性而定。若投资者是激进的投资者,则资产配置中股票可以占较大比重,甚至选择一些新兴市场中的股

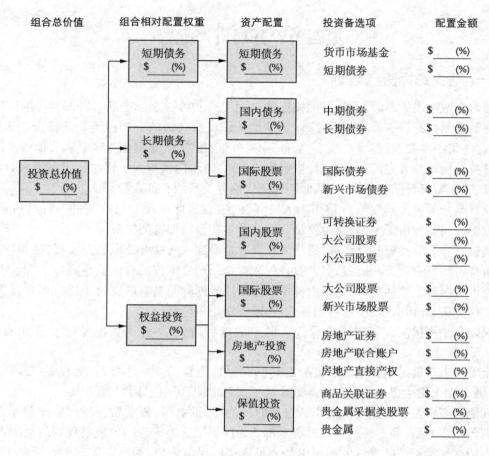

图 4.5 资产配置树形图

票,同时国际证券可以稍多;若风险测评问卷结果表明投资者具有保守或中性的投资风格,则理财顾问应当为客户制定风格相反的资产配置方案。

三、资产配置矩阵

资产配置矩阵如表 4.7 所示,其功能与资产配置树形图类似,只是采用不同的外在表现形式而已。资产配置矩阵的重要优点之一,就是可以对更多的信息加以考虑,如不同地区、本币与非本币、发达市场与新兴市场等。

表 4.7 资产配置矩阵

资产类别	美国		欧洲		亚洲发达市场		新兴市场	
	本币	非本币	本币	非本币	本币	非本币	本币	非本币
股票								
本国股票								
大盘成长股								

第四章　金融理财规划的技术与工具　75

续表

资产类别	美国		欧洲		亚洲发达市场		新兴市场	
	本币	非本币	本币	非本币	本币	非本币	本币	非本币
大盘价值股								
非本国股票								
发达市场大盘股								
发达市场小盘股								
新兴市场大盘股								
新兴市场小盘股								
固定收益证券								
本国固定收益证券								
投资级—应税								
投资级—免税								
高回报—应税								
高回报—免税								
非本国固定收益证券								
发达国家								
新兴市场								
可转换证券								
通货膨胀调整债券								
金融衍生工具								
期货								
期权								
远期								
互换								
证券投资基金								
股票型基金								
债券型基金								
其他								
房地产								
贵金属								
保险								
艺术收藏品								

第五节 制定投资策略报告

一、投资策略报告的作用

理财顾问从客户就一些基本情况所作的口头和书面回答中,首先初步了解客户的理财目的、财富实力、专业背景、投资经验、收益要求、风险承受能力等,并通过与客户交流沟通理财过程中涉及的投资理念或投资世界观,力求在重大实际投资问题方面达成共识,从而维持良好的客户关系;随后,理财顾问可以根据客户的具体情况进行资产配置。而作为理财规划工作的集中体现,制定书面的投资策略报告则更加清晰地展示了理财规划流程中的许多重要方面。

一般而言,投资策略报告具有如下三方面的作用。

第一,保证投资策略的一致性。波动性是市场固有的特性,在波动期内,投资者可能无法认清当前形势,要求理财顾问立即调整投资策略。然而,频繁调整带来的直接后果就是交易成本的攀升。当长期趋势与预期一致时,经常回顾投资策略报告是有益的,将保持投资策略的一致性。

第二,保证理财顾问变更时投资策略的连续性。面对相同的客户,不同的理财顾问可能会制定不同的投资策略。后任理财顾问在接手前任理财顾问的工作时,通过投资策略报告将有助于后任理财顾问了解前任理财顾问的工作过程,掌握本理财方案的具体细节,保证策略实施的连续性。

第三,明确责任与义务。投资策略报告中记载了客户、理财顾问、资金经理以及托管人的责任与义务,当投资业绩与预期出现较大幅度偏差时,有助于各方明确各自的责任。不仅如此,投资策略报告中也说明了许多免责条款。同时,投资策略报告也有助于相关主体的监管工作。

二、投资策略报告的基本要素

如前所述,正如不存在一种理财规划方案适合于所有或者大多数的投资者一样,投资策略报告同样是因人而异的,甚至同一客户在不同时期内的投资策略都会大相径庭。但是,投资策略报告涵盖的基本要素大致相同。一般来说,一份完整的投资策略报告应该包括但不局限于如下三大要素。

(1) 名称、相关提示及目录。该部分主要说明与理财规划有关的基本情况。名称通常为"投资策略报告"、"投资策略说明书"或"理财规划建议书"等,并就某些问题作出说明,如检查该报告的频率等,并加上目录。

(2) 正文。这是投资策略报告的主体。该部分又包括了实施概要、背景与目的、投资目标与参数说明、责任与义务、资金经理的抉择标准、控制程序等内容。投资者的风险承受能力、投资偏好、投资期限、动态平衡要求等都在该部分得到了明确的表述,同时也阐述了理财顾问、资金经理和托管人的责任与义务以及各自的免责条款。

(3) 附录。该部分列示了需要进一步加以说明,但在正文部分不能较好表述的内容,通常列示一些数表。

三、投资策略报告(说明书)范例

投资策略说明书

致 玛丽·史密斯

2008 年 12 月 31 日签署

本投资策略说明书至少每年检查更新。对本投资策略说明书所作的任何修改,都应以书面形式及时通知所有利益方。本投资策略说明书由信托研究中心制定。

目 录

实施概要
背景与目的
投资目标与参数说明
责任与义务
资金经理的抉择标准
控制程序
附录:各资产等级特征

一、实 施 概 要

客户类型: 应纳税个人
当前组合资产: $ 1 000 000
投资期: 大于 15 年
模拟收益: 10.7%(比 CPI 高出 6.7%)

模拟的收益分布:下表描述了模拟的组合可能收益范围以及每个收益的出现概率。

年限	1%	10%	25%	50%	75%	90%	99%
1	-13.5	-3.3	3.1	10.7	18.9	26.8	41.7
3	-4.0	2.4	6.3	10.7	15.4	19.8	27.7
5	-0.8	4.2	7.2	10.7	14.3	17.7	23.6
10	2.4	6.1	8.3	10.7	13.3	15.6	19.7
15	3.9	6.9	8.7	10.7	12.8	14.7	18.0
25	5.4	7.8	9.2	10.7	12.3	13.8	16.3

投资组合总体配置:

付息投资工具	30%
权益投资工具	70%
总投资组合	100%

资产配置：

	下限	战略配置	上限
短期债务投资	8%	10%	12%
国内债券	12%	14%	16%
国际债券	5%	6%	7%
国内股票	31%	36%	41%
国际股票	17%	21%	25%
房地产证券	6%	8%	10%
商品关联证券	4%	5%	6%

评价标杆：各类资产指数收益的加权平均。

二、背景与目的

本投资策略说明书为应税人玛丽·史密斯而制。本投资策略说明书所涵盖的资产当前的总市值约为1 000 000美元，估计客户财产净值为1 350 000美元。本投资策略说明书未涵盖的资产包括一栋住宅和个人有形财产，价值350 000美元。

关键信息：

SSN：	123-45-6789
理财顾问：	ABC投资集团有限公司
托管人：	XYZ托管服务有限公司
会计：	约翰·史密斯,CPA
律师：	珍妮·道,Esq

本投资策略说明书的目的在于协助客户与理财顾问对客户资产进行有效管理、监督和评价。本投资策略说明书的各部分对客户投资项目的各个方面加以了阐述，手段包括：

（1）以书面形式说明客户对管理其资产的态度、预期、目标及指导思想。
（2）提出管理资产的投资框架。
（3）促进顾问与客户之间的有效沟通。
（4）建立正式规范，定期挑选、监督、评价并比较资金经理的绩效。

三、投资目标与参数说明

本投资策略说明书给出了顾问认为适合客户情况且较为谨慎的投资方式。客户希望在较为谨慎的波动水平内使收益最大化，目的在于实现以下财务目标和投资目标。

财务目标:(1)2007年12月退休——除养老金和社会保障外,客户希望退休后每年从组合中取得价值50 000美元(2008年美元)的通货膨胀调整后和税后现金流,以维持目前的生活方式。(2)为将于2009年9月上大学的孙子提供60 000美元的教育资金。

投资目标:高组合波动率和高总收益率。

波动性宽容度:客户确认并承认为了实现投资目标不得不承受波动,并且投资市场本身存在风险和不确定性。

(一)资产等级偏好

为了使资产配置决策具有合理的参考框架,客户已经回顾了有关研究成果,对复合等级资产的优缺点和参考框架风险有了相当了解。客户与顾问已经达成共识,采用一种多等级资产分散投资的策略以降低投资风险。挑选出的资产等级如下:(1)短期债务投资;(2)国内债券;(3)国际债券;(4)国内股票;(5)国际股票;(6)房地产证券;(7)商品关联证券。这些资产类别的绩效特征(模拟收益率、标准差及相关系数)参见附录。

(二)投资期

投资管理的指导思想是根据投资期大于15年作出的。因此,应当合理看待投资期间的组合波动。认为短期流动性要求是最小的。

(三)模拟收益

客户理解在本投资策略说明书完成之时,组合具有10.7%的模拟收益,最终绩效优于或劣于该收益的概率相等。对于15年投资期,组合下跌风险的模拟结果如下:复合收益低于10.7%的概率为50%;低于8.7%的概率为25%;低于6.9%的概率为10%。

战略性资产配置的平衡调整:至少每季度检查一次每个资产等级的配置权重,允许在实施概要给出的范围内变化。现金流入和流出应与组合的战略资产配置相一致。如果没有现金流,或者现金流不足以使组合回到指定的资产配置区间,顾问将与客户就恢复合理的组合配置所必需的交易进行磋商。

四、责任与义务

(一)理财顾问。作为客户的受托人,顾问的首要职责包括:

(1)备制并维护投资策略说明书。

(2)提供足够的具有不同期限收益风险特征的资产等级,使客户能够慎重构建分散投资组合。

(3)为客户考虑,慎重抉择。

(4)控制并考虑所有投资费用。

(5)指导并监督所有服务商和投资选项。

(6)监督组合的资产配置,根据客户要求对组合进行平衡调整。

(7)避免利益冲突,不参与被禁止的交易活动。

(二)资金经理。负责证券挑选与价格决策,其责任与义务包括:

(1) 根据他们各自章程、信托合约或合同所明确的指导思想与目标,对托管资产进行管理。

(2) 在买卖、管理组合持有的证券时,全力以赴地进行时机抉择。

(3) 行使代理投票权及相关权利时,应当及时且保持一致立场。资金经理必须详细记录下代理投票权及相关权利的行使情况,严格遵守相关法律法规。

(4) 在当时普遍的市场环境下,面对同样的客户,资金经理应当能够像经验丰富且能力相当的专业人士那样运用技能,小心谨慎地处理问题,同时严格遵守相关规则及法律法规。

(三) 托管人。负责保管客户资产,其责任与义务包括:

(1) 通过法律注册(个人、合伙、托管)对各个账户加以维护。

(2) 代表客户持有资产。

(3) 为资产估价。

(4) 收取客户的所有应收收入,代表客户进行所持有资产的相关支付。

(5) 代表客户交易。

(6) 定期向客户详细报告交易、现金及其持有的资产情况,后者包括持有的具体数量、单位价格以及总价值。

五、资金经理的抉择标准

无论作何种投资决策,资金经理都必须遵循如下责任条款:

(1) 规则监督。每个资金经理都必须接受规则监督,监督可能来自共同基金、银行保险公司或某个注册理财顾问。

(2) 风格或同类相关性。经理的投资产品应当与恰当的指数或同类产品保持较高的相关性。

(3) 相对于同类产品的绩效。产品表现应当优于同类产品的中间水平,既包括年度绩效,也包括累积绩效。

(4) 相对于所承受风险的绩效。根据 α 值、夏普比率等风险调整后绩效度量工具,产品与该经理的对比组进行比较,应当获得更高的风险调整后收益。

(5) 最低标准。产品问世后应至少有 3 年历史,同一个组合管理团队至少已存续 2 年。

(6) 被管理资产。对于最终决定的产品,经理至少应该拥有 7 500 万美元的管理资金。

(7) 持有风格的一致性。最终产品必须将不高于 20% 的组合价值投资于"不相关的"资产等级。

(8) 管理费。最终产品不能处在同类产品的前 1/4(最贵的)范围内。

(9) 组织的稳定性。组合不存在可预见的问题,如人员周转、违规行为、人员匮乏或者在交易中无法获得"最优价格和执行手段"。

六、控 制 程 序

(一)资金经理的监督

客户明白资金经理对组合进行检查及分析与经理抉择的责任条款同样重要。一旦发现可能影响经理实现未来投资目标的重大事件,就应启动对该经理的绩效评价。

重大事件可能包括:(1)专业投资人员变动;(2)重大损失;(3)新产业的显著发展;(4)所有权变更;(5)投资绩效持续下降等。

经理的绩效评价可能包括:(1)分析最近交易、持有情况和组合特征以确定绩效不佳的原因或者风格的改变;(2)考察经理或研究机构报告的相关意见。

根据以上方面的信息收集,可以决定:(1)维持原有状态;(2)对该经理"密切关注";(3)终止合作。

(二)度量成本

顾问至少以年度为基础检查客户投资管理的所有相关成本,包括:

(1)与同类对比组相比,每个备选投资工具的费率或投资费用。

(2)托管费。包括资产持有、往来支付。

(三)年审

客户至少以年度为基础对本投资策略说明书进行审查,并确定投资目标是否继续有效、可行,但是不应频繁进行改动。需要特别强调的是,不应单凭金融市场的短期变动对本投资策略说明书进行改动。

备制人:　　　　　　　　　　　　签署人:
2008 年 12 月 31 日　　　　　　 2008 年 12 月 31 日
ABC 投资集团有限公司　　　　　 客户

附录:各资产等级特征

(一)模拟绩效数据

资产等级	简单平均收益率(%)	标准差(%)	复利年收益率(%)
(1) 短期债务投资	5	3	5
(2) 国内债券	6	8	6
(3) 国际债券	7	12	6
(4) 国内股票	14	20	12
(5) 国际股票	15	22	13
(6) 房地产证券	12	18	10
(7) 商品关联证券	9	24	6

（二）模拟相关系数

资产等级	(1)	(2)	(3)	(4)	(5)	(6)	(7)
(1) 短期债务投资	1.00						
(2) 国内债券	0.03	1.00					
(3) 国际债券	−0.45	0.17	1.00				
(4) 国内股票	−0.02	0.42	0.13	1.00			
(5) 国际股票	−0.20	0.16	0.58	0.55	1.00		
(6) 房地产证券	−0.06	0.28	0.04	0.70	0.40	1.00	
(7) 商品关联证券	0.03	−0.31	−0.03	−0.35	−0.12	−0.19	1.00

本 章 小 结

理财规划是一项复杂的系统工程，本章介绍了在整个理财规划工作中常用的技术与工具。

1. 投资者的基本情况主要包括但不局限于以下六个方面：(1) 财富存量实力与收支流量预期；(2) 理财规划的主要目的；(3) 理财规划的主要对象；(4) 对未来经济形势的判断或预期；(5) 收益要求与风险承受能力；(6) 投资范围及限制。个人（家庭）财务报表揭示了投资者的财务实力，风险测评问卷判断了投资者的风险偏好，方案决策树形图帮助分析各方案可能的结果，基本情况工作表、投资前景工作表和投资领域工作表则较为全面地描述了投资者的基本情况。

2. 理财顾问与客户之间在投资理念方面达成共识，除了对整个理财业绩具有重要的影响外，在以下三个方面也有重要作用：第一，可以对客户进行有针对性的指导；第二，让客户更好地理解理财顾问的工作；第三，维持客户关系。本章展示的是考虑了择时操作和分散投资的 2×2 矩阵，分析了各种投资观念的特点。

3. 可供投资者选择的金融产品种类繁多，资产配置树形图和资产配置矩阵则有效地帮助理财顾问和投资者清晰地选择资产种类和配置权重，使之符合投资者要求的收益率和风险承受能力。

4. 投资策略报告或投资策略说明书则是金融理财规划工作的集中体现。投资策略报告具有如下三方面作用：第一，保证投资策略的一致性；第二，保证理财顾问变更时投资策略的连续性；第三，明确责任与义务。投资策略报告没有统一格式，但常见的投资策略报告包括如下一些要素：(1) 名称、相关提示及目录。(2) 正文。该部分又包括了实施概要、背景与目的、投资目标与参数说明、责任与义务、资金经理的抉择标准、控制程序等内容，同时也阐述了理财顾问、资金经理和托管人的责任与义务以及各自的免责条款。(3) 附录。

第五章 金融理财规划方案的动态平衡

【本章要点】

> 金融理财规划方案并不是固定不变的,当投资者所处的外部环境与自身的内部特征发生变化时,其投资目标和投资偏好将随之发生改变,此时,对理财方案实施动态平衡则是应对这些改变的集中体现。本章首先介绍理财方案动态平衡的内外原因和实施步骤。动态平衡实施步骤与初始资产配置程序有一些共同点,但也存在差异。第二节重点介绍两类界定不同的动态平衡范围和三种主要的动态平衡方法:恒定比例混合法、增持固定比例法和投资组合保险法,除此之外,买入—持有策略也经常成为投资者选择的金融理财方法;接着还介绍了动态平衡的实施手段。本章最后对理财方案动态平衡进行了简要的评价,并强调投资者在正确认识动态平衡科学性的同时,不能忽视难以测度的人类特性和人类行为对理财活动的影响。

第一节 动态平衡的原因与实施步骤

一、动态平衡的原因

马柯维茨提出的资产投资组合理论为投资者提供了良好的投资指导,利用分散化投资可以降低投资组合的非系统性风险,优化资产配置要求投资者将财富分配到多元化的资产上,实现一定风险水平下的资产组合收益最大化或一定收益要求下的风险水平最小化。金融理财规划正是根据客户的具体情况分配资产,达到保值增值的目的。投资者或者客户应根据自身的预期收益和风险承受能力,选择不同类型的资产组合。具体而言,一些投资者风险承受能力较差,应当选择一些风险较小(即收益波动性较小)的金融资产作为投资对象,如国库券、公司债券等,而只将少量资金投向如股票之类的高风险金融资产,旨在达到控制整体风险的目的,显而易见,这样的理财规划方案整体的收益水平较低;相反,若想追求较高的收益水平,则可以实施相反的资产配置策略,使高风险、高收益的金融资产成为资产组合中的重要资产种类。

然而值得注意的是，在有效市场假说和投资组合理论指导下，上述资产配置决策是特定投资者在某一具体时点根据自身个性特点（如要求的投资报酬率、风险承受能力、投资经验、专业背景等）、资产价值预期和对未来宏观经济形势预期的基础上进行的静态资产配置。但是，由于整体经济形势不断发生变化，原来预期收益增长的资产可能会发生未曾预料的负收益，而家庭中突发事件的发生将导致该投资者风险承受能力在短期内急剧降低。这些因素导致在初始条件下制定的金融理财规划方案已不是目前条件下的最优规划方案，从而投资者必须根据目前状态对初始理财规划方案进行重新调整，这个过程就是金融理财规划方案的动态平衡。严格来讲，理财规划方案动态平衡是指根据条件的变化，运用明确的资产配置策略或资产配置目标比重来重新排列资产组合，使得调整后的理财方案符合投资者最优资产组合的要求。

投资者重新审视初始理财规划方案并对该方案进行动态平衡的原因很多，概括起来，主要有以下三类。

第一，客户的个性特征发生改变。金融理财方案的制定是因人而异的。理财顾问在为客户制定金融理财规划方案时，首先应了解客户的个性特征（这里所说的个性特征，主要是指那些能够影响客户所要求的投资报酬率或风险承受能力的特征），然后分析该客户的个性特征并结合可以选择的金融工具或产品，为客户量身打造合适的金融理财方案。比如，随着客户工作职位的晋升，其工资收入相应增加，风险承受能力因此得到增强，该客户可能要求投资更多的高风险金融资产以获得较高收益；再比如，客户从一份工资收入稳定的职业（如教师、医生、公务员等）跳槽到一份工资收入不稳定的职业（如销售人员等），或者家庭中出现某种意外事故，致使该客户只能采取低收益、低风险的投资策略。由此可见，当客户的个性特征发生变化后，即使整个宏观经济形势尚未改变，客户也要根据自身个性特征的变化及其相应的预期收益水平和风险承受能力，对初始金融理财方案进行适当的调整。

第二，客户的投资能力增强。理财方案动态调整与客户自身投资能力紧密相关。在制定初始理财方案时，不是每个客户都具备金融理财所要求的专业知识和专业能力。虽然一些客户选择在专业顾问的指导和建议下投资于合适的金融产品或工具并确定各种金融产品或工具的比重分配，然而客户对某一类金融资产的理解可能并不深刻，特别是近年来发展迅猛的衍生金融产品，客户对其高杠杆化、高风险的特点更是认识不足。要使那些非专业的投资者理解各种金融产品需要一个渐进的过程。而随着投资经验的逐渐积累、各种专业知识的不断学习以及分析能力的日益提高，客户开始意识到在制定初始理财方案时未曾深入认识的各种资产的收益、风险及其收益之间的相关性，并在一段时间后有了新的理解；此时，客户就会对方案进行动态平衡，以使之符合客户最理想的收益与风险权衡。

第三，宏观经济形势和金融市场前景发生变化。静态的资产配置方案只是在特定经济形势和金融市场背景下制定的符合投资者条件的最优资产组合。当宏观经济形势和金融市场发生变化时，预期表现较好的权益性工具却出现了异常波动，预期可以取得相对固定收益的债务性工具却因为未预期到的通货膨胀而使得实际投资收益受到较大的影响。在这样的情况下，投资者制定的初始理财方案可能已不是最优选择了。为了能够在一定风险承受能力下取得收益最大化或者在一定收益水平下达到风险最小化,投资者应当对方案中那些价值偏离预期估值的金融资产进行动态平衡调整,可以卖出某种资产、买入某种资产或二者兼有,旨在使动态平衡后的理财方案最符合变化后的宏观经济形势和金融市场前景,最终实现投资者预期的收益水平。

二、动态平衡的实施步骤

理财方案的动态平衡是一项牵涉面广泛的技术性工作,投资者的主观性又在整个动态平衡过程中显得十分重要。然而,为了使动态平衡取得比静态平衡更大的成功或绩效,投资者必须清楚地了解动态平衡的基本操作流程或步骤,这些操作流程或步骤为投资者动态平衡的成功实施提供了基础。

1. 界定动态平衡范围

如今,随着金融市场的快速发展,金融创新的浪潮风起云涌,金融产品或工具层出不穷,投资者可以选择的投资对象或品种极为广泛,不同的投资者对理财方案动态平衡范围的界定也是不同的。有的投资者只跟踪关注严格定义的金融资产(如股票、债券、基金等),并根据这些资产的市场表现进行相应的资产组合调整,而另外一些投资者则把动态平衡的视角界定得更广泛些,除了严格定义的金融资产外,其他资产如房地产、古董、书画等也同样可以根据需要进行种类或权重的调整。

2. 制定资产配置的战略和战术计划

投资者首先应当清楚地认识到个人及家庭目前的情况、预期的收益水平、风险承受能力、投资或动态平衡的时间跨度、宏观经济形势、金融市场前景等,其次决定当前是否进行动态平衡以及动态平衡的决策层次(即资产配置中的国家配置、资产配置与行业配置),最后选择动态平衡的时机、怎样进行动态平衡以及选择哪种实施工具。

3. 评价、反馈动态平衡业绩

对理财方案进行动态平衡是一项长期性的工作,需要投资者在实践中不断地学习知识、积累经验。每一次动态平衡后,应当积极地总结评价该次动态平衡取得的成果是否达到了预期的理财目的,并形成反馈意见,指导以后理财方案的动态平衡。总结评价方面没有固定的程式,投资者可以根据自身实际情况以及每次动态平衡的业绩进行具体分析,特别是深入剖析实际理财业绩与预期理财目标偏离的原因。投资者通常可以从以下几个方面评价动态平衡:对投资收益、风险承受能力、财富水平和收入与支出预算的认识是否真实,对经济形势趋势、金融环境前景的把握是否客观,对动态平衡范围、方法、时机、手段等的决策是否科学等。

三、动态平衡的调整标准

调整标准有助于投资者确定在何种情况下应当进行动态平衡。调整标准的制定是因人而异的,进行某些投资者可能会经常调整理财规划方案中的资产组合,而另一些投资者进行动态平衡的频率则会稍低,可能只是每年一次、每几年一次、偶尔或始终不进行动态平衡等。

动态平衡频率的高低直接关系到各种成本的大小,如税收、时间、精力等,最终影响投资管理的业绩。投资者通常按以下三种标准对理财方案进行动态平衡:固定金额调整、固定比率调整和固定期间调整。

(1)固定金额调整是指当资产市场表现偏离初始资产配置时的价值一定金额时,则对理财方案进行动态平衡调整。如股票市价涨幅或跌幅超过一定金额(如100万、10万、5万、1万等)就调整一次。具体动态平衡方法参考本章第二节。

(2)固定比率调整是指当资产市场表现偏离初始资产配置时的价值一定比率时,则对理财方案进行动态平衡调整。该标准是从相对比率的角度来制定的,如股票市价涨幅或跌幅超过一定比率(如20%、10%、5%、1%等)就调整一次。

(3)固定期间调整是指以一定的时间间隔作为动态平衡调整的标准。该方法并不考虑某项资产的个别市场表现,而是每经过一段时间就调整一次,如每周、每月、每季度、每年等。

需要注意的是,理财方案动态平衡的步骤不宜过于频繁,否则投资者不仅没有足够的时间、精力来跟踪资产组合的表现,而且取得的动态平衡收益也难以弥补各项成本费用的发生,得不偿失。

第二节 动态平衡的范围与方法

一、动态平衡的范围

金融理财方案动态平衡旨在根据投资者个性特征、宏观经济形势和金融市场前景,对初始规划方案中金融资产的种类及其各自比重进行调整,从而形成投资者预期的最佳资产组合。投资者在考虑动态平衡时面临的一个重要问题就是理财方案动态调整的范围,即投资者应当对哪些金融资产进行调整,是否所有的资产都可以纳入动态平衡调整的范围。

在金融市场中,可供投资者选择的金融产品或工具种类颇多,除了传统的金融产品外,金融衍生工具的不断创新也越来越贴近投资者多样化的投资需求。投资者可以根据自身预期的投资报酬和风险承受能力,权衡整体宏观经济形势和金融市场前景,考虑持有的金融资产种类及其投资数量。从总体来看,这些金融产品既包括政府债券、公司债券、股票、基金等,也包括远期、期货、期权、互换等衍生金融产品。需要指出的是,投资者在选择投资对象时可以不局限于上述资产范围,如房地产、艺术品、古董、珍贵书籍、首饰、名车、良种马等也同样可以成为投资者选择的投资对象。从这种意义上讲,理财方案的动态平衡范围将更为广泛。可以看出,理财规划方案中对投资范围的不同界定将会对投资者理财方案动态平衡产生较大影响。

归纳起来,理财方案动态平衡范围存在两类不同的界定。第一类是狭义的方案动态平衡范围。即投资者只将一些特定的资产纳入动态平衡调整范围内,如债券、股票、基金、期货、期权等。这些投资者认为,如房地产、黄金、艺术品、古董之类的资产除了具有投资功能外,还具有消费功能,在短期内不易经常改变持有数量;同时,投资者个人的欣赏价值观和兴趣偏好也体现在这些资产的持有状况中。只有在资产价格剧烈波动期,抑或遭受强烈感情冲击或家庭压力的情况下,投资者才会重新审视所持有的这些广义投资对象(如房地产、黄金、艺术品、古董等)并决定是否应当重新调整持有策略。不能忽视的是,这些资产的增减变动还会产生时间成本、税收成本等相关成本问题。第二类是广义的方案动态平衡范围。这类投资者在考虑进行动态平衡时,除了关注股票、基金、债券、衍生金融工具外,还将其他一些资产(如房地产、黄金、艺术品、古董等)作为动态平衡的调整对象。他们认为,无论何种资产都应当纳入动态平衡的范围,这样可以进一步丰富理财方案的内容,为投资者分散投资风险提供多元化资产的选择。资产多元化为资产之间负相关关系的增强提供了更大的可能性,分散风险的效果更好。

二、动态平衡的方法

当理财方案动态平衡的范围确定了之后,投资者就可以采用一定的方法进行动态平衡。虽然动态平衡范围就不同的投资者而言存在一定的界定差异,但是这种差异并不影响动态平衡方法的选择。投资者进行方案动态平衡调整的方法有:恒定比例混合法、增持固定比例法和投资组合保险法。

1. 恒定比例混合法

恒定比例混合法是指通过对金融理财方案中资产组合的调整,在长期内保持各种资产的市场价值比例恒定不变的动态平衡方法。也就是说,恒定比例混合法的基本思想是:根据个别金融资产市场价值的变动情况,对个别资产的持有数量进行有针对性的增加或减少,最终目的在于保持资产组合内各项资产的市场价值比例始终一致。在投资者制定的理财规划方案中,各项资产的市场价值经常会发生变化,导致在一段时间后,各项资产在资产组合中的比例往往不是初始的市场价值比,价格上涨的资产其市场价值增大,而价格下跌的资产其市场价值减少。变化后的资产组合与投资者期望的资产持有情况出现偏离,从而使得整个理财方案的收益与风险发生变化。投资者应当通过调整各项资产的持有数量来保证价格变化后各项资产的市场价值恒定不变,重新权衡资产组合的收益与风险。实质上,恒定比例混合法实施的是一种"低买高卖"的交易策略。

【例题5.1】

投资者在制定理财规划方案时选择甲、乙两类资产,并保持各占50%的比例。起初,投资者在甲、乙两种金融资产上分别投资100万元,共投资200万元。投资者采用恒定比例混合法对理财方案进行动态平衡。甲、乙两种资产未来8年的年收益率如表5.1所示。

表5.1 甲、乙两种资产各年的市场收益率

	第1年	第2年	第3年	第4年	第5年	第6年	第7年	第8年
甲	+10%	-10%	0%	+10%	+20%	+30%	-20%	-10%
乙	+10%	30%	+20%	+10%	0%	-10%	0%	+20%

续【例题 5.1】

第 1 年甲资产的投资收益率为 10%，即第 1 年末甲资产价值为 110 万元，乙资产同样为 110 万元。甲、乙资产比例保持不变，不需进行动态平衡，整个资产组合的市场价值为 110 + 110 = 220 万元。

第 2 年甲资产投资亏损 10%，第 2 年末甲资产价值为 110 × (1 − 10%) = 99 万元，而乙资产投资收益率为 30%，第 2 年末乙资产价值为 110 × (1 + 30%) = 143 万元。此时甲、乙资产比例(99:143)发生变化，按照恒定比例混合法的要求，甲资产的市场价值下降，应该增加该资产的持有数量；乙资产的市场价值上升，应该减少该资产的持有数量。投资者可以卖出价值 22 万元的乙资产，然后买进 22 万元的甲资产。经过动态平衡调整后，甲资产为 99 + 22 = 121 万元，乙资产为 143 − 22 = 121 万元。此时，甲、乙资产各占 50%(121:121)，整个资产组合的市场价值为 121 + 121 = 242 万元。

第 3 年甲资产投资收益率为 0%，第 3 年末甲资产的市场价值仍然为 121 万元。乙资产投资收益率为 20%，第 3 年末乙资产市场价值上升为 121 × (1 + 20%) = 145.2 万元。甲、乙资产的市场价值又一次偏离投资者各占一半的目标，需要进行动态平衡调整。投资者可以卖出市场价值为 12.1 万元的乙资产，同时买入市场价值为 12.1 万元的甲资产。经动态平衡后，甲资产价值为 121 + 12.1 = 133.1 万元，乙资产价值为 145.2 − 12.1 = 133.1 万元，从而保持甲、乙资产投资比例恒定不变，整个资产组合的市场价值为 133.1 + 133.1 = 266.2 万元。

以后 5 年的动态平衡过程分析同上，动态平衡结果如表 5.2 所示。经过动态平衡后，该金融理财方案的年复利收益率为 9.36%。

表 5.2　恒定比例混合法下动态平衡结果　　　　　　　　（单位：万元）

	第 1 年	第 2 年	第 3 年	第 4 年	第 5 年	第 6 年	第 7 年	第 8 年
年末甲资产价值	110.00	99.00	121.00	146.41	175.69	209.37	212.59	175.38
甲资产平衡后价值	110.00	121.00	133.10	146.41	161.05	177.16	194.87	204.62
乙资产平衡后价值	110.00	121.00	133.10	146.41	161.05	177.16	194.87	204.62
年末乙资产价值	110.00	143.00	145.20	146.41	146.41	144.95	177.16	233.85
动态平衡幅度	0.00	22.00	12.10	0.00	14.64	32.21	17.72	29.24
资产组合整体价值	220.00	242.00	266.20	292.82	322.10	354.32	389.74	409.24

2. 增持固定比例法

增持固定比例法是一种与恒定比例混合法相反的动态平衡方法,它是指当金融理财方案中资产的市场表现发生变化时,出售表现差的资产并按固定比例增持市场价值增加的资产。相比较而言,恒定比例混合法要求投资者"低买高卖",而增持固定比例法要求投资者"低卖高买"。当资产价值持续上升时,买进该资产可以让投资者获得超过市场平均水平的收益率;但若该资产价值上升只是短暂的波动,则可能使投资者出现在高位买进的风险。

【例题 5.2】

接上例,假定投资者确定的增持比例为 5%,即当资产的市场表现好时,则增加持有 5% 的该项资产,同时卖出表现差的资产以取得资金。

第 1 年甲、乙资产各取得 10% 的投资收益率,市场价值为 110 万元。

第 2 年末甲资产的市场价值为 99 万元,乙资产的市场价值为 143 万元。乙资产的市场价值上升,应当增持 5% 的乙资产,即买入 143×5%=7.15 万元;同时,为了增持 7.15 万元的乙资产,需要卖出 7.15 万元的甲资产以取得足够资金。因此,调整后甲资产为 91.85 万元(99 万元 −7.15 万元),乙资产为 150.15 万元(143 万元 +7.15 万元)。

第 3 年末甲资产的市场价值仍为 91.85 万元,乙资产的市场价值为 180.18 万元(150.15 万元 +150.15 万元 ×20%)。乙资产的市场价值增加,应当继续增持 5% 的乙资产,即 9.01 万元;同时,为了获得足够的资金,卖出 9.01 万元的甲资产。因此,调整后甲资产为 82.84 万元,乙资产为 189.19 万元。

以后 5 年,资产组合动态平衡的结果如表 5.3 所示。从表中不难看出,在投资者确定增持 5% 表现好的资产的情况下,8 年的复利年增长率为 8.22%。需要注意的是,增持固定比例法下的动态平衡业绩与投资者确定的增持资产比例紧密相关,不同的增持比例将直接导致不同的动态平衡业绩。投资者应当根据历史数据、投资经验、风险偏好、收入状况、年龄阶段、投资期限等方面因素综合考虑增持比例。

表 5.3 增持固定比例法下动态平衡结果 （单位:万元）

	第1年	第2年	第3年	第4年	第5年	第6年	第7年	第8年
年末甲资产价值	110.00	99.00	91.85	91.13	109.35	149.26	188.07	177.73
甲资产平衡后价值	110.00	91.85	82.84	91.13	114.82	156.73	197.47	167.80
乙资产平衡后价值	110.00	150.15	189.19	208.11	202.64	174.91	165.31	208.54
年末乙资产价值	110.00	143.00	180.18	208.11	208.11	182.38	173.91	198.61
动态平衡幅度	0.00	7.05	9.01	0.00	5.47	7.47	9.40	9.93
资产组合整体价值	220.00	242.00	272.03	299.24	317.46	331.64	362.98	376.34

3. 投资组合保险法

投资组合保险法是指在付出一定保险费用、牺牲少量价格上涨潜力的基础上,锁定投资组合面临的价格下跌风险,将投资组合的风险控制在某一特定可接受范围内。投资组合保险法的基本思想与恒定比例混合法完全相反,该方法要求投资者在金融资产(如股票)价格上涨时买进该项资产,当资产价格下跌时卖出该项资产,即采取"低卖高买"的交易策略。投资组合保险法的运用类似于"止损线"或"止损工具"方法,在保证投资者获得股票市场预计高收益的同时,有效地限制了下跌风险。投资组合保险法有多种具体运用方法,如:基于期权的组合保险策略和基于参数设定的组合保险策略,后者又可以进一步细分为固定比例投资组合保险策略和时间不变性投资组合保险策略。鉴于本书篇幅有限,在此仅介绍运用较广的固定比例投资组合保险策略。

固定比例投资组合保险策略假定投资者制定理财规划时,保持资产组合中的股票投资乘数不变。在该策略下,资产组合中的股票投资额由下式决定:

投资于股票的价值 = m × (投资组合总体价值 − 最低保险价值)

式中:m 称为投资乘数或风险系数,一经确定后通常就不再改变;投资组合总体价值减去最低保险价值所得的值表示投资缓冲额度。该方法要求投资者首先将一部分资金投资于无风险资产,从而保证资产组合最低价值,在此前提下,将其余资金投资于风险资产,并随着市场变化调整无风险资产和风险资产的投资比例。该方法能够保证投资者取得最低收益,但同时又不放弃资产升值的潜力。

当股票(风险资产)收益率提高时,投资组合总体价值也相应得到提高,而乘数 m 保持不变,因而投资组合总体价值减去最低保险价值的值增加,投资于股票的资金增加,即"高买"。相反,当股票(风险资产)收益率降低时,投资组合总体价值下降,而乘数 m 保持不变,因而投资组合总体价值减去最低保险价值的值减少,投资于股票的资金减少,即"低卖"。

【例题 5.3】

假定投资者投资于股票和债券两类资产,资产组合总体的原市场价值为 100 亿元,最低保险价值为 80 亿元,乘数 $m=2$,则股票最初投资额 $=2×(100−80)=40$ 亿元(假定每股市价 1 元),因此投资于债券的资金为 60 亿元。假定一段时间后股价下跌 20%,即每股市价为 0.8 元,股票总市值为 32 亿元,债券市值不变,仍为 60 亿元,资产组合总体市场价值为 92 亿元。资产组合价值的变动导致投资于股票的资金的调整:投资于股票的资金 $=2×(92−60)=24$ 亿元。因此,应当卖出 16 亿元的股票,增持 16 亿元的债券。

需要注意的是,在实务中并不是所有的投资者都对理财方案进行动态平衡。虽然他们也意识到对理财方案进行动态平衡能够带来比静态平衡更优的投资效果,包括收益水平的提高或者风险水平的降低,但是为什么一些投资者选择的是买入—持有策略?买入—持有策略指的是无论投资组合中各项资产的价值怎样变化,投资者都不对其进行动态调整,一旦买入就持有至最终售出。投资者选择该种策略主要有以下三类原因。

第一,投资者不拥有进行动态平衡的资源。如前所述,无论是采用恒定比例混合法、增持固定比例法还是投资组合保险法,都要求投资者投入一定的资源,定期或不定期地追踪理财方案内各项资产市场价值的变动情况,并根据初始设定的目标对投资的金融资产种类及数量作相应的调整。投资者需要投入的资源通常包括获取专业顾问咨询、资产交易税费等有形成本,还包括投资者个人的时间、精力等无形成本,而有些投资者有时并不具备这样的人力、物力和财力资源。

第二,投资者不具备进行动态平衡的能力。从最初投资者个人特征的调查、理财方案的初始拟定到定期或不定期地对方案进行动态平衡,这些都对投资者的个人能力提出了较高的要求。除了需要投资者具备良好的心态外,还要求投资者对整个宏观经济形势、金融市场前景有一定的洞察,能够较为客观、科学地分析和权衡理财方案中个别资产的收益与风险、个别资产之间的相关关系以及整体资产组合的收益与风险。然而,许多投资者受自身专业知识的局限,对此并没有客观的认识,即使是获取了专业理财顾问的咨询建议,但仍难以完全真实地刻画投资者自身的投资需求。

第三,动态平衡不符合成本收益原则。成本收益分析是一种量入为出的经济理念,它要求对未来行动有预期目标,并对预期目标的几率有所把握,经济学中的成本—收益分析方法是一个被普遍运用的方法。如上文分析所述,投资者虽然意识到动态平衡对理财方案的整体效益是有利的,但是如果动态平衡带来的收益小于为进行动态平衡付出的各种成本,投资者宁可采用买入—持有策略,对理财方案中的资产配置放任自由,不关心各项资产市场价值的波动情况。更有另外一些投资者,通过一系列市场分析和趋势预测,认为动态平衡后的绩效与不进行动态平衡的绩效差异不大,从而也会选择任由市场价值涨跌。

【例题5.4】

甲、乙资产的市场表现同【例题5.1】,投资者选择买入—持有策略。

第1年甲、乙资产的投资收益率均为10%,第1年末各自市场价值均为110万元,不进行调整,甲、乙资产的市场价值之比为50:50。

第2年甲资产投资收益率为-10%,年末甲资产市场价值为99万元,乙资产投资收益率为30%,第2年末乙资产市场价值为143万元,投资者不进行动态平衡,甲、乙资产市场价值之比为41:59。

第3年甲资产投资收益率为0%,年末甲资产市场价值仍为99万元,第3年乙资产投资收益率为20%,年末乙资产市场价值为171.60万元,投资者仍不进行动态平衡,甲、乙资产市场价值之比为37:63。

从第5年起,以后各年甲资产和乙资产的市场价值如表5.4所示,买入—持有策略取得的资产组合年复利投资收益率为8.61%。

续【例题5.4】

表5.4　买入—持有策略下动态平衡结果　　　　　　　　（单位：万元）

	第1年	第2年	第3年	第4年	第5年	第6年	第7年	第8年
年末甲资产价值	110.00	99.00	99.00	108.90	130.68	169.98	203.86	183.47
甲资产平衡后价值	110.00	99.00	99.00	108.90	130.68	169.98	203.86	183.47
乙资产平衡后价值	110.00	143.00	171.60	188.76	188.76	169.88	169.88	203.86
年末乙资产价值	110.00	143.00	171.60	188.76	188.76	169.88	169.88	203.86
动态平衡幅度	0.00	0.00	0.00	0.00	0.00	0.00	0.00	0.00
资产组合整体价值	220.00	242.00	270.60	297.66	319.44	339.86	373.74	387.33

三、动态平衡的实施手段

动态平衡方法的运用依赖于具体实施手段的选择，一般来讲，理财方案动态平衡的实施手段有两种：标的资产的交易和期货工具的使用。

1. 标的资产的交易

这是最常用的动态平衡手段，其基本思想是通过买卖资产组合中的个别资产，改变各项资产市场价值的比重，使其符合投资者设定的投资目标。常表现为卖出表现好的资产以买入表现差的资产，或者卖出表现差的资产以买入表现好的资产。

【例题5.5】

假定投资者拥有1亿元的资产，分别投资于股票、债券和现金等价物等三种资产，其中股票4 500万元，债券4 500万元，现金等价物1 000万元。投资者打算提高整体预期收益率，决定对理财方案进行动态平衡，增持股票达到6 000万元。因此，投资者卖出500万元债券，同时用出售债券的收入500万元和现金等价物1 000万元购买市场价值为1 500万元的股票。最终经过动态平衡后的资产为6 000万元的股票和4 000万元的债券。

2. 期货工具的使用

期货工具同样可以运用于理财方案的动态平衡中，其具体做法是：若投资者试图增加理财方案中某项金融资产的持有数量,不必在现货市场上买入该项资产,而可以通过期货市场购买以该项资产为标的的期货合约,形成多头;相反,若投资者试图减少某项资产的持有数量,则可以在期货市场上卖出以该项资产为标的的期货合约,形成空头。

【例题5.6】

接上例,投资者想调整资产组合为股票6 000万元和债券4 000万元。投资者可以用现金储备1 000万元满足期货头寸的保证金要求,通过期货市场购买1 500万元的股指期货,同时卖出500万元的利率期货。不难看出,通过期货交易,投资者不仅实现了动态平衡的目的,而且标的资产组合没有得到分拆,组合特性没有改变。

利用金融期货进行动态平衡具有很多优势,例如:交易费用低;可避免现货市场的流动性问题,因为期货市场比现货市场具有更好的流动性和市场深度;可避免一次性大额现金交易给市场带来的冲击,节省投资成本。

第三节 动态平衡的简单评价

对理财方案进行动态平衡是一项复杂的工作,涉及多方面的影响因素。投资者只有充分认识到动态平衡的利弊,才能对是否应当进行动态平衡以及怎样进行动态平衡作出正确决策。

一、动态平衡的优点

经过动态平衡调整的理财规划方案比初始理财方案更符合投资者的投资特点和要求。其优点主要体现在:提高预期目标收益率;更好地控制资产组合的非系统性风险;提高投资者对资产组合的关注度。

1. 提高预期目标收益率

如前所述,对理财方案进行动态平衡,其最终目标就是要提高投资者一定风险水平下的投资报酬率。初始的理财规划方案是在最初条件(投资者的预期收益、风险承受能力、专业知识背景、投资经验、宏观经济形势、金融市场前景等)下制定的最优资产投资策略,即在一定风险水平下实现收益最大化,或在一定收益水平要求下实现风险最小化。但是,上述条件一旦发生变化,当初的最佳理财规划方案如今不一定能实现最好的投资收益,对理财方案进行动态平衡就成为必要了。动态平衡通过卖出表现好的资产以买进表现差的资产,或卖出表现差的资产以买进表现好的资产,旨在实现变化后条件下的最优资产配置。当然,期货工具的使用也可以达到同样的效果。

2. 更好地控制资产组合的非系统性风险

金融理财规划的一项重要内容就是根据投资者个人特点选择合适的金融产品或工具,并就要求的投资报酬率和风险承受能力确定各种资产的投资比重。投资者所选定的资产组合收益—风险关系取决于资产组合中个别资产的收益水平、风险大小以及资产收益之间的相关程度。随着内外条件的改变,资产组合的收益—风险关系也在发生变化。当投资者采用恒定比例混合法或投资组合保险法对理财方案进行动态平衡时,有利于避免投资者将财富集中于少数资产。从这种意义上讲,动态平衡有助于投资者控制整个资产组合的非系统性风险。

3. 提高投资者对资产组合的关注度

投资者对理财方案进行动态平衡能否取得预期的效果,受投资者选择动态平衡时机的影响。一些投资者选择每年一次或每半年一次进行动态平衡,而另一些投资者进行动态平衡的频率可能会更高一些,如每季度、每月、每周等。然而,无论投资者进行动态平衡的频率高低如何,都会使投资者随时关注投资的资产组合。因为在不同时期,资产价格表现不同,投资者选择在不同时点进行理财方案优化时,得到的动态平衡结果往往不一样,从而促使投资者跟踪资产组合的表现,寻求一个最佳时点进行动态平衡,试图取得最佳的理财绩效。

二、动态平衡的缺点

动态平衡的缺点主要表现在:动态平衡会增加成本;决策失误带来损失。

1. 动态平衡会增加成本

通过前述分析可见,投资者进行动态平衡时,需要通过各种有效途径及时搜寻各种有用的信息,并选择一个在当前条件下最有利的动态平衡时机,卖出表现好的资产以买入表现差的资产,或卖出表现差的资产以买入表现好的资产,或使用期货工具。这必定意味着动态平衡成本的发生,如信息成本、交易成本、时间成本、心理成本、机会成本等。另外,无论是标的资产的交易还是期货工具的使用都会涉及相关税收,因此税收成本也是影响动态平衡绩效不容忽视的因素。

2. 决策失误带来损失

方案动态平衡的实施必须建立在客观、可靠的信息及趋势判断的基础之上,只有在此基础上进行的动态平衡才能够提高预期收益水平的概率,否则动态平衡无法优化初始制定的理财规划方案,甚至会出现规划方案反而恶化的可能。在动态平衡过程中,投资者卖出表现好的资产以买入表现差的资产,或卖出表现差的资产以买入表现好的资产。然而,表现差的资产可能只是短期的表现欠佳,却可能因为投资者采用投资组合保险法将其卖掉,从而导致未来资产价值上涨的机会损失;同样道理,表现好的资产也许目前正处于高峰值,然而价值波动性是金融资产的固有特征,在投资组合保险法下大量买入处于高峰值点的资产,有可能意味着未来损失的产生。恒定比例混合法也会给投资者带来类似决策失误的风险损失。

值得注意的是,以上分析是人们在理财实务中不断总结并经过理论界梳理、推导、演绎后,反过来再更好地指导理财的实务操作,形成了较为科学的动态平衡方法和程式。然而近年来,不论是理论研究者还是实务操作者都越来越意识到人类特性或行为对理财活动的影响,如洞察力、判断力、果断、决心、勤奋等。这些人类特性或行为由于难以客观量度,通常不能可靠地纳入研究范围内;但是,无论是在理财规划方案的制定还是对方案进行动态平衡中,这些人类特性或行为因素都是不能忽视的,这也充分体现了理财活动的艺术性。

本 章 小 结

1. 金融理财方案的动态平衡是一项复杂的工作,需要投资者及其理财顾问权衡各方面的因素。投资者重新审视初始理财规划方案并对该方案进行动态平衡的原因很多,概括起来,主要有以下三类:第一,投资者的个性特征发生改变;第二,投资者的投资能力增强;第三,宏观经济形势和金融市场前景发生变化。

2. 为了使动态平衡取得比静态平衡更大的成功或绩效,投资者必须清楚地了解动态平衡的基本操作流程或步骤,这些操作流程或步骤为投资者动态平衡的成功实施提供了基础。通常可以按如下步骤进行:第一步,界定动态平衡范围;第二步,制定资产配置的战略和战术计划;第三步,评价、反馈动态平衡业绩。动态平衡频率的高低直接带来各种成本的发生,如税收、时间、精力等,最终影响投资管理的业绩。投资者有三种动态平衡标准可以参考:固定金额调整、固定比率调整和固定期间调整。固定金额调整和固定比率调整是从资产市场价值表现的角度确定的,而固定期间调整则是根据投资期间长短确定的。

3. 在对理财方案进行动态平衡前,首先应当界定动态平衡的范围。不同的投资者对动态平衡范围的界定是不同的,有的投资者只愿意调整严格定义的金融资产。动态平衡主要有三种方法:恒定比例混合法、增持固定比例法、投资组合保险法。

4. 经过动态平衡调整的理财规划方案比初始理财方案更符合投资者的投资特点和要求,其优点主要体现在:提高预期目标收益率;更好地控制资产组合的非系统性风险;提高投资者对资产组合的关注度。动态平衡的缺点主要表现在:动态平衡会增加成本;决策失误带来损失。诸如洞察力、判断力、果断、决心、勤奋等人类特性或行为,无论是在理财规划方案的制定还是对方案进行动态平衡中都是不能忽视的,这也充分体现了理财活动的艺术性。

第六章 金融理财规划的方案评估

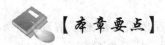
【本章要点】

> 本章主要介绍理财规划的方案评估。首先介绍金融理财风险评估,分别从主要金融资产的风险、风险评估方法入手,介绍金融资产风险—收益的基本特征,在此基础上展开风险规避的总体评估。第二节对美国主要金融资产的收益率作了较全面的分析,并对收益—风险关系进行了比较和分析。第三节以证券投资基金为例,介绍了风险调整收益的基本方法并比较了几种方法的不同特点。

第一节 金融理财风险评估

对金融理财的风险评估,首先必须了解每种资产的内在风险特性,而在我国正处于经济转型的过程之中,资本市场还没有完全开放的条件下,理清我国的资产类别的特性显得尤为重要。

鉴于我国金融市场还不发达,当前金融产品相对较为单一,因此这里以成熟资本市场(以美国为例)的金融产品的收益—风险特征的学习为主。通过对美国金融市场的历史收益率的分析,运用经典资产市场评估工具进行风险评估,不仅对于理解金融理财产品的资产特性评估具有一定的启示意义,而且可以对我国金融产品的发展起到导向作用。

一、我国金融资产风险

认识金融资产的风险需要结合金融市场与金融工具自身的特点。由于我国金融市场正在发展的过程中,许多理财产品还没有大规模地推广,因此这里我们重点分析常规的理财工具——债券、股票、基金——的风险。

1. 债券风险分析

在发达国家的资本市场中,债券投资占有举足轻重的地位。债券投资可以获取固定的利息收入,也可以在市场买卖中赚取差价。随着利率的升降,投资人如果能适时地买进卖出,就可获取较高的收益。尽管债券的利率是固定的,债券投资仍然与其他投资一样,在取得投资收益的同时,也会存在投资的风险。债券投资的风险包括违约风险、利率风险、购买力风险、流动性风险[①]。

(1) 债券投资的违约风险。违约风险是指债务人无法按时足额支付债券利息和偿还本金的风险。我国债券按发行主体不同分为政府债券、金融债券和公司债券等三种。政府债券是指政府根据信任原则,以发行债券形式举债的各种债券,包括公债、国库券等。政府债券的信誉度高,投资者一般能如期收回本息,所以家庭进行政府债券投资基本上没有违约风险。金融债券是银行或其他金融机构作为债务人向投资者发行的借债凭证。金融债券的利率一般高于同期定期储蓄存款利率,只要金融机构不破产,投资者一般能按期收回本金和利息。由于金融机构破产的可能性较小,因此,购买金融债券的违约风险也较小。公司债券是筹集资金的公司向投资者出具的到期还本付息或到期还本、分次付息的债务凭证。虽然国家为了保护投资者的利益,对企业发行债券的条件、数额、时间、期限、利率等方面作出了具体规定,但是一旦发行债券的公司破产,公司债券投资者就存在违约风险。公司债券的违约风险根据公司的规模和信用评级不同而有所差别,一般来讲,国有企业的违约风险较低,民营企业的违约风险较高。

债券的违约风险可以用违约率来衡量,违约率等于违约数量与债券总数的比值。

(2) 债券投资的利率风险。由于债券的价格会随市场利率的变动而变动,因此,债券投资存在利率风险。所谓债券的利率风险,是指由于利率变动而使投资者遭受损失的风险。债券的到期时间越长,市场利率变动的可能性就越大,因而利率风险也就越大。

债券的利率风险可以用市场利率的变化率来衡量,即:$R_t = r_t - r_{t-1}$。

(3) 债券投资的购买力风险。购买力风险是指由于价格总水平变动而引起的债券投资者的资产购买力变动的风险,即由于通货膨胀而使货币购买力下降的风险。债券投资的收益有名义收益与实际收益之分,债券投资的名义收益是指债券投资的货币收益,债券投资的实际收益是指根据通货膨胀率调整后的收益,名义收益率减去通货膨胀率即为实际收益率。对债券投资者来说,看重的是实际收益率。

对于债券的购买力风险,我们一般用通货膨胀指数的倒数来衡量,在我国较常用的是用CPI(消费者物价指数)的倒数来代替。

(4) 债券投资的流动性风险。债券投资的流动性风险是指债券投资者无法在短期内以合理价格卖出债券收回现金的风险。在这种情况下,债券投资者要么将债券价格降低以迅速找到买主,要么丧失投资的机会。前者会使投资者蒙受债券价格损失,后者会使债券投资者丧失新的投资机会。

对于流动性的测量,我们可以用换手率来衡量,其计算公式为:$turnover = \dfrac{trade\ number}{list\ number}$ (式中:$turnover$ 表示换手率,$trade\ number$ 表示交易数量,$list\ number$ 表示总数量),也就是交易数量与总数量的比值。

在美国,债券是美国政府和企业最重要的融资依据之一。以2008年6月份的数据为

[①] 汪辛:"家庭金融理财风险与防范研究",武汉理工大学硕士学位论文,2008年4月。

例,美国债券市场规模已达 30.5 万亿美元,是其股票市值的 2 倍多①。债券的成交金额占美国资本市场交易量的 80%,日本的债券成交量则是股票的 5 倍。由于我国金融市场起步较晚,还没有配套的完善的债券发行、定价机制,加上企业债券受到许多限制,使得我国的债券市场不发达,债券交易经常出现有价无市的现象,成交量与股票相比还显得微不足道。以 2007 年为例,当年发行债券 79 756 亿元,企业债券只有 1 719 亿元,仅占 2.1%。和当年新增中长期贷款 25 027 亿元相比,只有新增中长期贷款的 6.87%。

2. 股票风险分析

投资股票市场的过程中主要面临两类风险,即证券投资的系统性风险和非系统性风险。系统性风险会对整个证券市场产生影响,而所有非系统性风险因素基本独立于那些影响整个股票市场的因素。由于这些因素影响的是一个公司或一个行业,因此只能一个公司一个行业地研究它们。非系统性风险仅涉及某个公司或某个行业的股票,其主要形式有以下四种。

(1) 市场风险。市场风险是指由于股票市场自身价格波动规律的作用,导致股价下跌给投资人造成的损失风险。

国内外证券市场的历史经验表明:股票价格的波动,即使在多种外部因素和内部因素正常的情况下,也会表现出"有涨必有跌,有暴涨必有暴跌"的规律。当投资人因某种原因在股价大幅上涨后买入股票,就必然面临着股价大幅下跌而带来的损失和风险。这是股票市场最为常见、最为普遍的风险,也是很多个人投资者容易忽视的一种风险。

在实证研究中,我们一般采用上证、深证综合指数或沪深 180 指数的涨幅来衡量市场风险。为了更加细致地观察某一只股票的走势,可以用行业指数来代替市场风险。

(2) 投资者个人风险。投资者个人风险是指对于个人投资者而言,由于不熟悉证券市场的基本运行规律,盲目买卖股票而遭受的套牢风险或资产损失风险。

在现实生活中,很多投资者在入市之前,或在日常的股票买卖中,不知道或不熟悉证券价格波动的基本规律,不了解股票投资的基本理论(如股票的基本分析和技术分析),不知道特定时期内整个市场或单个股票的价格历史状况,而盲目投资。他们文化层次不高,投资意识不强,利用业余时间投资,缺乏专业培训,不能深刻认识上市公司财务报表,不太了解公司会计信息的深刻内涵,对重大事件对公司的影响也缺乏正确认识。他们往往根据道听途说的市场传闻或者感性经验进行证券买卖,不注重正规渠道信息的搜集与分析。他们买卖股票时全凭感觉和运气,一味地追涨杀跌,往往造成高价买入而惨遭损失或套牢。更有甚者,一些投资者买入股票后,连上市公司在什么地方、经营什么、生产什么产品都不清楚,其高风险性也就不言而喻。这种风险由于来自投资者自身,其严重性和危害性往往被忽视,也是人们识别股票投资风险的重要盲点。

股票投资过程存在着一系列的决策行为,每次决策几乎都与投资者的利益有关。因此,股票投资决策是一种风险决策,与投资者的风险意识关系十分密切。研究股票投资决策的

---

① 资料来源:http://financialsalon.blog.hexun.com/21023277_d.html。

过程和投资者风险意识的特点和规律,对于揭示投资决策的心理规律,帮助广大股票投资者树立理性投资观念,提高决策的正确率,具有重要的理论意义和应用价值。

由于投资者个人风险所涉及的面很广,包括心理因素和客观约束条件的限制,使得这种风险往往难以在数量上进行刻画。因此,无论在理论研究还是实证研究中,对于这一风险的数量描述都没有一直通用的方法。

(3) 投机风险。投机风险是指在股票市场上,由于投机现象的大量存在,一些机构投资者通过操纵股价,造成股价暴涨暴跌的风险。一些机构投资者为了获取暴利,利用其庞大的资金优势和信息优势,运用大量资金控制股票筹码、散布虚假信息、多头开户对倒等手段操纵股价,造成股价的暴涨暴跌,从而使股票市场蕴含着巨大的投机风险。如果个人投资者不慎落入机构投机者(或庄家)的圈套,高价追涨买入股票,就会惨遭套牢或损失的命运。这也是股市最常见的风险之一。

这种风险是噪声交易者(noise traders)所面临的风险。对于噪声交易者和机构投资者,国内外的文献和实证中都没有一致的结论,但是我们可以通过建立实证模型,从模型的残差数据中粗略地获知这种风险的程度。

(4) 公司经营风险。公司经营风险是指公司的决策人员与管理人员在经营管理过程中出现失误而导致公司盈利水平变化,从而使投资者的预期收益下降的风险。

公司经营风险来自内部因素和外部因素两个方面。内部因素主要有:项目投资决策失误、不注意技术更新、不注意市场调查、不注意开发新产品、销售决策失误、没有打开新市场、没有寻找新的销售渠道。另外,还包括公司的主要管理者因循守旧、不思进取,对可能出现的天灾人祸没有采取必要的防范措施等。外部因素是公司以外的客观因素,如政府产业政策调整、竞争对手实力提高使公司处于相对劣势地位,引起公司经营管理水平的相对下降等。但是,经营风险主要还是来自公司内部的决策失误或管理不善。

公司的经营状况最终表现于盈利水平的变化和资产价值的变化。经营风险主要通过盈利变化产生影响。经营风险是上市公司普通股票的主要风险,公司盈利的变化既会影响股息收入,又会影响股票价格。当公司盈利增加时,股息增加,股价上涨;当公司盈利减少时,股息减少,股价下降。对于个人投资者来说,在公司会计报表没有作假的情况下,根据公司盈利状况来投资不会产生太大的风险;然而,现实中有很多公司出于自身利益的需要对公司的报表进行粉饰,这就产生了可能令个人投资者蒙受损失的潜在风险。

公司经营风险可以通过上市公司的年报、季报中的财务指标数据来观察,我们通常分析的是营业利润的变化量、总资产收益率、净利润增长率以及现金流量变化。如果这几个财务指标都显示出公司财务指标恶化,则说明公司正处于经营不良状况,可以提前预期这种状况的程度而决定是否持有或者出逃。

3. 证券投资基金风险分析

证券投资基金也包括系统性风险和非系统性风险,基金的系统性风险是指由于证券投资基金投资于证券市场,而证券市场本身是有风险的,这种风险对基金而言是外部的、无法在投资组合中被分散掉,所有证券市场的投资者均要承担的、由市场共同因素所影响的风险。

基金的非系统性风险是指由于局部因素所引起的、可以通过基金管理公司的操作进行防范和化解的具体风险。主要包括投资风险、管理风险、流动性风险、上市公司经营风险、申购和赎回价格未知的风险、技术风险等。

（1）投资风险。基金主要投资于股票和债券，因此，基金的投资风险包括股票投资风险和债券投资风险。股票投资风险主要取决于上市公司的经营风险、证券市场风险和经济周期波动风险等；债券投资风险是指利率变动影响债券投资收益的风险和债券投资的信用风险。此外，基金的投资目标不同，其投资所需承担的风险也不相同：收益型基金投资风险最低，成长型基金投资风险最高，平衡型基金居中。基金管理人需要考虑其所管理的基金的风格、预期收益、投资者的风险承受能力等因素，确定适合财务状况和投资目标的投资品种。

（2）管理风险。基金的管理风险是指基金运作各当事人的管理水平对投资人带来的风险。尤其是基金管理人的管理水平将直接影响基金的收益状况。管理风险主要来自以下两个方面：①不同基金管理人和基金托管人的管理水平、管理手段和管理技术不同，影响到基金收益水平。②对于开放式基金，基金的规模总是随着投资者对基金单位的申购和赎回而不断变化的，如果出现投资者的连续大量赎回而导致基金管理人被迫抛售股票以应付基金赎回的现金需要，则可能使基金资产净值受到不利影响。

（3）流动性风险。流动性风险是指投资者在需要卖出基金时面临的变现困难和不能在适当价格上变现的风险。基金管理人由于要面对投资者的赎回压力，必须保持资产具有一定的流动性。相比股票和封闭式基金，开放式基金没有发行规模的限制，基金管理公司可以随时增加发行，投资者也可以随时赎回，所以流动性风险有所不同。因为封闭式基金规模固定，且封闭期内不允许赎回，所以流动性风险在开放式证券投资基金上表现得更加突出。由于基金管理人在正常情况下必须以基金资产净值为基准承担赎回义务，投资人不存在由于在适当价位找不到买家而产生的流动性风险，但当基金面临巨额赎回或暂停赎回的极端情况时，基金投资人有可能不能以当日单位基金净值全额赎回。如投资人选择延迟赎回，则要承担后续赎回日单位基金资产净值下跌的风险。

（4）上市公司经营风险。上市公司会受到如经营决策、技术更新、新产品研究开发、高级专业人才的流动等多种因素的影响，生产经营中带有一定的风险。一旦出现公司经营不善，股票价格可能下跌，或者能够用于分配的利润减少，如果基金投资于这些公司的股票，会导致基金收益下降。虽然基金管理人可以通过投资多样化来分散这种非系统性风险，但是可能会遇到信息披露不完全等因素而不能完全规避。

（5）申购和赎回价格未知的风险。对于开放式基金，投资者可以随时申购、赎回，因此，基金的价格水平自然成为投资者和基金管理人最关注的方面。开放式基金的单位申购价格为基金的单位净值加上基金的申购费用，单位赎回价格为基金的单位净值减去基金的赎回费用。投资人在当日进行申购、赎回基金单位时，所参考的单位资产净值是上一个基金交易日的数据，而对于基金单位资产净值在自上一交易日至交易当日所发生的变化，投资人和管理人都无法预知。因此，基金管理人在申购、赎回时无法知道会以什么价格成交，从而造成基金的申购、赎回价格未知的风险。

（6）技术风险。技术风险又称交易系统运作风险，是指基金管理人、基金托管人、注册登记机构或代销机构等当事人的运行系统出现问题时，给基金管理人带来损失的风险。当计算机、通讯系统、交易网络等技术保障系统或信息网络支持出现异常情况时，可能出现基金日常的申购赎回无法按正常时限完成、注册登记系统瘫痪、核算系统无法按正常时限显示资产净值、基金的投资交易指令无法及时传输等情况，从而带来风险。

二、风险评估方法

在理财过程中，我们需要时刻注意评估投资风险。风险评估是我们在投资过程中最重要的研究手段，由于不同的资产的微观结构不同，需要针对不同的资产进行风险评估。因此，在投资过程中，掌握基本的风险评估方法对投资者而言具有事半功倍的效果，可以在众多投资品种中选出最适合投资者的投资类别。我们主要介绍下面三种基本的风险评估方法：流动性风险评估法、波动率风险评估法和 VaR 方法。

1. 流动性风险评估法

流动性是在较短的时间内迅速变现而不发生损失的程度。一般来讲，比较普遍的指标是换手率，其公式为：$turnover = \frac{trade\ number}{list\ number}$，式中：$turnover$ 表示换手率，$trade\ number$ 表示交易数量，$list\ number$ 表示总数量。对于高频数据来说，也可以用买卖差价来衡量微观流动性，其公式为：$liq = bid - ask$，式中：bid 表示买入价，ask 表示卖出价格，它们之间的价格差就是流动性指标 liq。而 Amihud(2002) 的非流动性指标在国内外学术界和实际操作中用得比较广泛。非流动性指标越小，表示流动性越差；反之，流动性越好。对于流动性差的股票或者债券，其期望收益率较高，这是为了给流动性一定的补偿，因此要求得到较高的收益率。Amihud(2002) 的非流动性指标是

$$Illiq_t = \sum_{i=1}^{n} \frac{r_{i,t}^i}{trade\ mony_{i,t}} \tag{6.1}$$

式中：$r_{i,t}$ 表示在 t 月中第 i 个交易日的收益率；$trade\ mony_{i,t}$ 表示交易金额；n 表示 t 月的交易天数。

2. 波动率风险评估法

对于波动率的分析，我们可以通过时间序列模型中的 GARCH(1,1) 来衡量。据国外实证研究发现，到目前为止，GARCH 模型已经衍生出约 200 多个模型，而在实证研究中以 GARCH(1,1) 的应用最为广泛，模型的结果具有较好的解释力。因此，我们可以用历史数据通过 GARCH 模型简单预测某只股票或组合的市场波动率。但值得注意的是，时间序列的数据一般要求观察值大于 120，对于数据量较小的时间序列模型的结果，其精确性会受到质疑。GARCH(1,1) 包括均值方程和波动方程，其公式分别为

$$a_t = \sigma_t \varepsilon_t \tag{6.2}$$

$$\sigma_t^2 = \alpha_0 + \alpha_1 a_{t-1}^2 + \beta_1 \sigma_{t-1}^2 \tag{6.3}$$

(6.2)式为均值方程，(6.3)式为波动方程。式中：a 表示收益率的残差序列；σ^2 表示波动率；$\varepsilon \sim N(0,1)$ 是一个标准正态分布的过程。目前绝大多数统计软件都有 GARCH 包，如

SAS、STATA、R、EVIEWS 等，可以很容易地计算出来。

3. VaR(Value at Risk)方法

VaR 是在险价值的中文翻译，其含义为：在市场正常波动下，某一金融资产或证券组合的最大可能损失。更为确切的是指：在一定概率水平（置信度）下，某一金融资产或证券组合的价值在未来特定时期内的最大可能损失。用公式表示为

$$Prob(\Delta p > VaR) = 1 - \alpha \tag{6.4}$$

式中：$Prob$ 表示资产价值损失小于可能损失上限的概率；Δp 表示某一金融资产在一定持有期 Δt 的价值损失额；VaR 表示给定置信水平 α 下的在险价值，即可能的损失上限；α 为给定的置信水平。

从统计意义上讲，VaR 本身是个数字，是指面临"正常"的市场波动时"处于风险状态的价值"。即在给定的置信水平和一定的持有期限内，预期的最大损失量（可以是绝对值，也可以是相对值）。

例如，某一投资公司持有的证券组合在未来 24 小时内，置信度为 95%，在证券市场正常波动的情况下，VaR 值为 800 万元。其含义是：该公司的证券组合在一天（24 小时）内，由于市场价格变化而带来的最大损失超过 800 万元的概率为 5%，平均 20 个交易日才可能出现一次这种情况。或者说，有 95% 的把握判断该投资公司在下一个交易日内的损失在 800 万元以内。5% 的概率反映了金融资产管理者的风险厌恶程度，可根据不同的投资者对风险的偏好程度和承受能力来确定。

三、资产类型的收益—风险特征

我们将资产按照收益—风险的特征分为四大类：股票、固定收益证券、其他资产和现金，并将它们的基本特征归纳如表 6.1 所示。

表 6.1　资产分类收益—风险基本特征比较

资产种类		收益特点	风险特点
股票	美国股票	收益高，市场有效	标准差大，周期较长，相关性不稳定
	非美国股票	分散风险，投资机会多，潜力不同	标准差大，相关性不稳定，汇率风险
	新兴市场股票	超额收益潜力，回报诱人，相关性较好	风险大，基础设施薄弱，标准差大
固定收益证券	美国固定收益证券	收益比现金高，分散投资组合	持续波动，有预付、通货膨胀风险
	高回报固定收益证券	收益高，超额收益潜力	信用风险，波动较大，有流动性风险
	非美国固定收益证券	投资机会多，现金流量可预测，超额收益潜力	汇率风险，跨境风险，相关性增大，债券内在风险，成本较高
	新兴市场固定收益证券	经济潜力，收益高，相关性小，市场低效率	外部冲击风险，波动大，市场流动性风险
	可转换证券	本金偿还，收益较高，相关性较高	信用较低，收益低于债券，增长潜力受限

续表

资产种类		收益特点	风险特点
其他资产	私募股权	收益高,相关性小,超额收益潜力,专业化投资	现金流不规则,标准差大,成本高
	商品	资产多元化,相关性小,独立变化	波动较大,经济风险
	房地产	相关性小,超额收益潜力	交易成本高,收益不确定,流动性风险
	黄金	保值,超额收益潜力	费用高,波动较大,经济周期风险
	艺术品	价值储存手段,相关性低	流动性风险,成本较高,不可分割
现金	货币现金等价物	波动小,相关性小,收益低	在投资风险,购买力风险,信用风险

通过表6.1,我们可以将收益和风险联系起来分析。总之,高风险对应着高收益率。在有效市场(efficient market)和完美市场(perfect market)的条件下,无风险套利是无法实现的,因为一旦出现了套利机会,就会有投资者迅速获得这种超额收益率,使得套利机会消失。当然,现实的投资市场并不是完美市场,套利机会可能存在,但是如果考虑投资成本的话,无风险套利也是很难实现的。

上面分析了各种投资类别的风险特征,高收益往往伴随着高风险。因此,投资者在选择投资工具进行资产配置时,需要同时考虑收益和风险特征因素。从经验估计可以知道,长时间测量的风险和收益具有很高的相关性。理论表明,高风险可以用高收益来补偿,低风险相应伴随着低收益。

这里主要分析三种资产类型:普通股、长期债券和货币市场工具。这三种资产是被投资经理人和大型投资机构经常使用的,因此可以看作是资产配置类型的代表。国外研究人员计算了美国市场普通股、长期公司债券、长期政府债券和国库券在1926—1993年的实际收益率和标准差。在这段时间,普通股的投资收益率最高,其收益率的标准差也最高;国库券的投资收益最低,其标准差也是最低的;公司债券和政府债券显示了中等收益—风险特征。

在这一期间里的平均通货膨胀率为3.1%,通过使用这一数据可以计算出实际收益率(实际收益率=名义收益率-通货膨胀率)。普通股、公司债券、政府债券和国库券的实际收益率分别为7.2%、2.5%、1.9%和0.6%。并且,通过比较各类资产的收益率与国库券的收益率的差别,可知普通股、公司债券和政府债券的风险溢价[①]、违约溢价和流动性溢价分别为6.6%、0.6%和1.3%。这些溢价正是由于不同类型的资产所承受的风险引起的。

[①] 溢价=名义收益率-国库券收益率。

表 6.2　主要资产类型的收益—风险（1926—1993）　　　　　　　（单位:%）

资产类型	名义收益率	实际收益率	流动性溢价	违约溢价	风险溢价	标准差
普通股	10.3	7.2	—	—	6.6	20.5
长期公司债券	5.6	2.5	—	0.6	—	8.4
长期政府债券	5.0	1.9	1.3	—	—	8.7
国库券	3.7	0.6	—	—	—	3.3
通货膨胀率	3.1					
相关性						
普通股	1.0					
长期债券	0.114		1.0			
国库券	−0.5		0.24		1.0	

数据来源:SSBI Yearbook,1994。

从表 6.2 可以看出,在 1926—1993 年间,普通股、长期债券和国库券的投资收益率在 67 年的样本期内相关系数较小。投资者可以运用最优化技术来确定资产组合中各类型的权重,从而有效地降低投资组合风险。

图 6.1 表示按风险大小排列的具有代表性的各种主要资产类型的风险与收益之间的预期关系,从中可以直观地看出高风险伴随着较高的收益的基本特征。

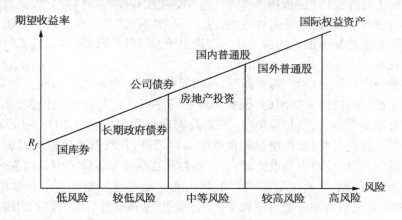

图 6.1　资本市场线

图 6.1 中,横轴表示风险,纵轴表示期望收益率。国库券处于低风险范围的一端,通常被认为无风险投资的代表证券。相应地,国库券的收益通常被认为是基础的无风险收益。各类权益作为大资产类型表现出较高风险和收益,而风险资本则位于直线的最高位置。国际权益比国内权益具有更高的风险。债券和房地产投资位于资本市场线的中间,其中房地产投资比政府债券和公司债券有更高的风险。

表 6.3 列出了不同风险偏好的投资者适合选择的资产组合。每类投资者的投资都涉及

两个数据,上面的一行数字是指标准的资产组合,下面的一行数字则是在考虑各种因素情况下资产组合的可能变动范围。

表 6.3　不同风险偏好下适合选择的投资组合　　　　　　　　　（单位:%）

资产组合	现金投资	国内定息投资	海外定息投资	国内股票	海外股票	房地产
保守型	25 (20—30)	45 (40—50)	0 (0—5)	15 (10—20)	0 (0—5)	15 (10—20)
轻度保守型	20 (15—25)	40 (35—45)	0 (0—5)	20 (15—25)	0 (0—5)	20 (15—25)
均衡型	15 (10—20)	20 (15—25)	0 (0—5)	30 (25—35)	5 (0—10)	25 (20—30)
轻度均衡型	10 (5—20)	15 (10—20)	5 (0—5)	40 (30—50)	10 (10—25)	20 (10—30)
进取型	5 (0—20)	5 (0—10)	0 (0—5)	50 (35—55)	20 (10—30)	20 (10—30)

资料来源:陈工孟、郑子云主编:《个人财务策划》,北京大学出版社 2003 年版。

可以看出,保守型投资者的资产分配策略主要是在确保资产安全的基础上获得稳定的收入,风险较低的现金投资和国内定息投资比例分别高达 25% 和 45%,而风险较高的股票投资则低至 15%。这样的投资组合在短期内一般不会出现重大亏损,从长期来看则可以获得比较稳定适中的资本增长收益。轻度保守型投资者强调资本收入的安全性以及长期稳定的资本增长。均衡型投资者在各种资产类型之间的分配相对比较均衡,并且从长期来看可以在收入和资本增长之间获得一个较好的平衡;但从长期来看,收入会有一定的波动。进取型投资者的资产组合策略强调的是中长期收益最大化,资产组合中股票和房地产等高风险、高成长性的资产占绝大部分,因此,市场状况的波动会给资产组合的市值带来很大的影响。

在资产配置的整个过程中,投资者需要客观、全面地评价投资者自身的风险承受能力、金融市场可能的风险因素、金融资产的收益—风险特征。通过研究风险的影响因素,投资者可以在风险配置、风险监测和风险管理的重要目标之间互相权衡。

系统地分析风险特征可以帮助我们作出正确的决策。因此,我们从投资者、市场和资产三个方面来分析各自的风险因素。

(1) 投资者特有的风险,包括:购买力风险、支出不足风险、对冲风险、税收风险、信心受挫风险。

(2) 市场前景特有的风险,包括:资本损失风险、波动性风险、流动性风险、相关性风险、系统性风险。

(3) 资产特有的风险,包括:再投资风险、信用风险、事件风险、提前偿付风险、货币风险。

通过打分的形式,对每种风险进行模糊评估,再将所得分数加总得到风险规避的总分数,用来客观衡量对风险的态度,从而对投资决策作出一个客观的指导标准。具体做法如下。

首先,选择1—3分(或1—5分)的数量范围打分,其中:1表示风险可被高度规避或者已被规避,3(或5)表示风险难以规避或者未被有效规避。如果投资者认为可以更加精确地评价这些因素,可以选择1—10甚至更大的范围。

其次,对每个风险因素进行客观的评分,然后将这些分数加总得到风险规避的总分数。

风险规避矩阵的作用是将风险因素详细地罗列出来,通过对自身风险态度的评估和资产类别风险因素的评估,进而作出合理的客观的决策。除此之外,风险规避矩阵还有以下重要的作用:

(1) 让投资者认识到风险的多样性;
(2) 让投资者认识到不同类型风险的相互作用;
(3) 让投资者关注多种风险组合的潜在影响;
(4) 在投资决策作出之后,通过资产类别的反馈信息,从而对下一次决策时的风险态度作出一个客观的修正和评估。

为了使投资者更加清楚地理解投资过程中的风险规避,我们画出一张规避矩阵的表格(表6.4)。表中,第一列是风险类型,第二列是对风险的简述,第三列是风险规避的典型方法,第四列是风险可被规避的程度,最后一列是风险已经被规避的程度。表6.4中所列的风险并不完整,投资者可以根据实际情况增加其他风险因素,用以评估风险大小。

表6.4 风险规避矩阵

风险类型	风险简述	风险规避的典型方法	风险可被规避的程度	风险已被规避的程度
投资者特有的风险				
购买力风险	投资收益相对于商品服务总体价格水平的变化贬值	重点投资跟随通货膨胀趋势的证券,如某些股票或通货膨胀调整债券		
支出不足风险	可用的资金和年收入不足以满足投资者的需求	谨慎地控制和调整与投资组合及资本市场表现相对应的支出原则		
对冲风险	防止投资组合遭受风险的策略被证明无效导致产生负面结果	关注对冲行为的性质、应用并持续监控		
税收风险	由于法律或者频繁的投资行为导致投资者税负增加	定期向可靠的税务律师咨询		
信心受挫风险	投资者对自身投资能力以及投资资产的信心下降	明智地减少或终止在资本市场中的投资,使用可靠的外部资源		

第六章　金融理财规划的方案评估 107

续表

风险类型	风险简述	风险规避的典型方法	风险可被规避的程度	风险已被规避的程度
市场前景特有的风险					
资本损失风险	价格、利率以及评估方法变动导致的已实现或未实现损失	使用对抗不利价格变动的弥补策略，如卖空、看涨看跌期权、期货以及其他工具		
波动性风险	资产价格异常大幅或频繁波动	将资产进行分散化或包含价格波动不剧烈的资产		
流动性风险	在不对价格造成不利影响的情况下很难进行资产买卖	在建仓时关注交易量和以往最坏的流动性状况		
相关性风险	价格变动应该相互抵消的资产实际朝同一个方向变动	仔细研究过去相关性变动的原因，客观估计未来的此种情形		
系统性风险	在某些时段，价格发现、交易、借贷以及清算机制的一个或几个组成部分发生故障	尽可能分析交易对方的财务资信状况并且建立备选消息来源，制定突发事件和灾难补救方案		
资产特有的风险					
再投资风险	无法以股票的股利进行再投资或者以债券原始收益的息票再投资	考虑自动股利再投资方案和零息债券		
信用风险	投资品对应的财务状况恶化或评级机构以及市场参与者调低等级	审慎关注利润表、现金流量表和资产负债表的真实性和有效性，对引起财务状况恶化的早期信号保持警觉		
事件风险	资产因为某一事件（如兼并、分拆、一次性大额发红利以及资产的买卖）而导致的财务状况突然变化	观察同一或类似行业里其他公司的行为；提前转换到其他投资品种		
提前偿付风险	选择本金价值能够通过可赎回债券、期限缩短以及提前抵押付款方式未到期就进行全部或部分偿付	选择不允许发行机构提前偿还本金的投资品种，如不可赎回债券		
货币风险	因为对外投资的货币贬值导致以国内货币计价的价值下跌	在适当的市场状况下运行成本效益比较好的货币对冲方案		

第二节 资产收益率分析

投资者必须了解各种资产的收益率特征,根据它们的收益率大致走势才能形成自己的投资收益预期。虽然历史的投资收益率不能保证未来的投资收益率,但是,投资者通过仔细研究和分析历史收益率的特征,从中获得重要的经验,从而形成合理的预期,这样就能做到有的放矢,帮助投资者在可承受的风险范围内构造合理的投资组合,以避免盲目投资带来损失。

一、美国长期资产收益简要分析

通过研究长时期的资产历史收益率数据,包括10年、20年、30年或者更长时期的数据,可以使投资者对各种资产形成自己的预期。以美国25类资产的历史收益率为例,见表6.5。

表6.5 按年分组的美国资产收益率(1945—2001)　　　　　　　　(单位:%)

年份	1945—2001	1972—2001	1982—2001	1992—2001	1999	2000	2001
指数	年收益率	年收益率	年收益率	年收益率	总收益率	总收益率	总收益率
消费者物价指数	4.1	11.6	15.2	12.9	2.7	3.4	1.6
A类:股票							
SP500	12.4	11.6	15.2	12.9	21	-9.1	-11.9
美国新兴成长股票	13.0	11.0	14.0	15.0	33.8	-0.6	-1.6
小盘股股票	14.5	14.7	13.8	15.6	29.8	-3.6	22.8
EAFE股票	11.6	9.3	11.0	4.5	27.0	-14.2	21.4
欧洲股票	—	11.8	16.2	15.6	29.9	-2.2	-16.4
日本股票	13.0	7.5	6.9	-3.9	61.5	-28.2	-29.4
亚洲股票	—	8.4	8.8	6.0	43.2	-15.2	-9.4
新兴市场股票	12.4	10.1	10.1	2.4	67.1	-31.8	1.8
B类:固定收益证券							
现金	5.1	7.0	6.2	4.6	4.8	6.2	3.4
美国长期国库券	5.6	8.7	12.1	8.7	-9.0	21.5	3.7
美国中期政府债券	5.9	8.3	9.9	6.7	-1.8	12.6	7.6
公司债券	5.8	8.7	12.1	8.1	-7.5	12.9	10.6
高回报债券	7.0	9.2	11.6	7.7	3.3	-5.9	5.3
非美国债券	—	—	—	4.8	-5.1	-2.6	-3.5
市政债券	3.6	10.7	8.0	5.3	-0.1	9.1	5.2

续表

年 份	1945—2001	1972—2001	1982—2001	1992—2001	1999	2000	2001
C类:房地产							
商业房地产	8.3	12.2	7.9	8.1	11.1	12.0	7.4
房地产投资信托	—	—	12.8	11.6	-4.6	26.4	13.9
住宅建筑	6.9	6.0	4.4	4.6	3.8	4.5	9.6
美国农田	8.5	6.5	2.3	6.7	5.9	4.9	0.9
D类:商品与贵金属							
抵押品	6.2	-4.3	2.6	1.0	2.1	14.3	-17.2
黄金	—	4.9	-1.8	-2.4	0.5	-6.7	2.1
白银	4.2	2.8	-2.8	1.9	6.9	-14.8	1.1
E类:私募股权、风险资本以及对冲基金							
私募股权	—	—	—	16.4	34.2	2.0	-11.3
风险资本	—	—	19.5	36.1	275.1	25.4	-34.9
对冲基金	—	—	—	18.2	31.3	5.0	4.6

注:① 数据来源于《资产配置的艺术》第7章,"资产收益率分析",第209—210页。
② 资产收益率涵盖了1945—2001年间的所有资产类别,其中包括:新兴成长资产(1946—2001年);EAFE(1950—2001年)是摩根·斯坦利欧洲、澳洲和远东(EAFE)指数;商业房地产资产(1960—2001年);抵押品资产(1957—2001年)。
③ 新兴市场股票由1945—1984年间的若干新兴市场组成;1984年后,采用国际金融公司综合指数。
④ 抵押品假设投资于90天美国国库券。
⑤ 表中的数据均是以美元计算得到。

通过表6.5中的数据,我们注意到以下事项:

(1) 表6.5显示的是按照时间段分组的收益率数据,包括30年(1972—2001)、20年(1982—2001)、10年(1992—2001)的复利年收益率。由于并没有列出单个年份的收益率数据,因此单个年份的收益率可能高于、低于或者等于复利年收益率。

(2) 表6.5中的收益率都是指名义收益率,不是实际收益率,也就是说,没有经过通货膨胀(紧缩)率的调整。如果要考虑通货膨胀率调整后的实际收益率,简单的做法只需将名义收益率减去通货膨胀(紧缩)率可以近似得到。表6.5中的数据均是以美元计价的,这也意味着如果本币相对于美元升值的话,则以美元计价的收益率将高于以本币计价的收益率。

(3) 历史数据只能从整体上来观察资产类别的收益率分布,投资者可以根据历史数据的变化预期这类资产在某段时间内的未来收益,然而这些数据不是未来数据的确定性保证。投资者不仅要根据自己的风险厌恶程度来选择资产、构造资产组合,更重要的是要考虑自身的投资时间跨度、收入需求、流动性要求以及其他特征,同时还要注意投资资产类别的变化幅度,也就是资产类别的风险系数,可以简单地用资产类别的标准差来衡量。

二、不同时期和不同资产类别的业绩分析

通过表6.5中的数据,我们可以看出以下一些明显的结果。

第一,持有美国股票的年收益率(以标准普尔500综合指数为例),1945—2001年的平均收益率为12.4%,1982—2001年的平均收益率为15.2%,1992—2001年的平均收益率为12.9%,最低的是1972—2001年的平均收益率,为11.6%。这与美国在第二次世界大战后的快速发展密切相关,而20世纪90年代被誉为美国的黄金十年,获得每年12.9%的复合年收益率是正常的。同时,1972—1990年间,美国乃至整个资本主义经济经历了1973年的石油危机、1987年的股灾等世界性的金融危机,在一定程度上使得投资收益下降也是理所当然的。从美国股指收益率的数据来看,整个经济是上扬的,而每年获得10%以上的复合收益率也是可观的。

第二,持有美国新兴成长股票的年收益率,以及持有美国小盘股股票的收益率(以Demensional基金顾问公司为例),在1992—2001年分别达到了较高的15.0%和15.6%,远远高于这些资产在1945—2001年的13.0%和14.5%的年收益率。

第三,下列资产在1992—2001年和1945—2001年的年收益率数据表现出了巨大的差异:(1)日本股票,1992—2001年的年收益率为-3.9%,而1945—2001年为13.0%;(2)新兴市场股票,1992—2001年为2.4%,而1945—2001年却高达12.4%;(3)EAFE股票,前一时期为4.5%,后一时期为11.6%;(4)美国长期国债,前一时期为8.7%,后一时期为5.6%。

第四,股票和风险资本的年收益率之间也有很大的差异。1999年两者分别为21.0%和275.1%,而2000年表现急剧下降,分别为-9.1%和25.4%,可谓此一时彼一时。而2001年的表现更差,分别为-11.9%和-34.9%。

第五,从表6.5中可以明显看出,1992—2001年持有房地产信托的年收益率远远超过了其他持有商业房地产的年收益率,前者为11.6%,后者仅为8.1%。

值得注意的是,从1999—2001年分年度的投资收益率分析可以看出,除了私募股权和对冲基金等超高风险的资产类别以外,投资房地产信托的收益率在每年中是最高的,这也从一个侧面说明美国房地产市场的繁荣期为现在的次贷危机埋下了伏笔。由于房地产市场的稳定的高收益使得房地产金融衍生产品大行其道,从而导致了环环相扣的次级债的大量发行,而一旦美国房地产市场萎缩,这些次级债券便成为垃圾债券,犹如"多米诺骨牌"效应,次贷危机开始蔓延。

第六,1992—2001年和1982—2001年持有黄金的年收益率为负值,分别为-2.4%和-1.8%。而2009年下半年,黄金期货已突破历史上的最高位,随着历史上第三次突破1000美元/盎司以后持续上扬。这是因为在次贷危机下美国经济受到重创,美元持续贬值以及各国在金融危机下所采取的宽松的货币政策给投资者一个未来较高的通货膨胀预期,使得黄金一度受到追捧,金价持续上升。

三、投资工具的波动率

在比较这些投资工具的回报时,投资者往往会惊叹于小幅上升的回报率对财富积累的巨大影响。例如:美国长期债券的年复合回报率为5.6%,则在1945年投资1美元,2001年

投资增长到21.14美元①;而同一时期若投资美国小盘股股票,2001年投资增长为1 963.845美元;美国新兴成长股票的投资回报率为13.0%,2001年投资增长为938.4104美元。从这些数字可以看出"复利"的神奇能力,长期投资的回报率通常较高,如果能长期持有,那么几十年后的收益将是相当可观的。

但是,必须谨记,在投资中并没有"免费的午餐",高回报率是与高风险联系在一起的,投资期限越长,不确定性也就越大,投资过程中会面临很多不可预测的因素。比如,1945年投资美国长期国债,在1945—2001年,美国的政治、经济也走过一段艰难的道路。美国不仅经历了朝鲜战争、越南战争、海湾战争等,而且整个欧美经济体也经历了包括1976年的石油危机、20世纪80年代的股市大崩盘等在内的金融危机,这些都给美国长期债券带来了相当多的不确定性因素,使其收益率大打折扣。此外,长期持有美国小公司的股票,不仅会面临小公司经营业绩变差的不确定性,甚至会面临小公司倒闭的风险。因此,投资者必须考虑投资期限与投资收益的权衡关系。

下面我们将考察美国国库券、中期政府债券、长期政府债券、长期企业债券、大公司股票、小公司股票1928—1930年的年收益率的相对波动率,如图6.2所示。

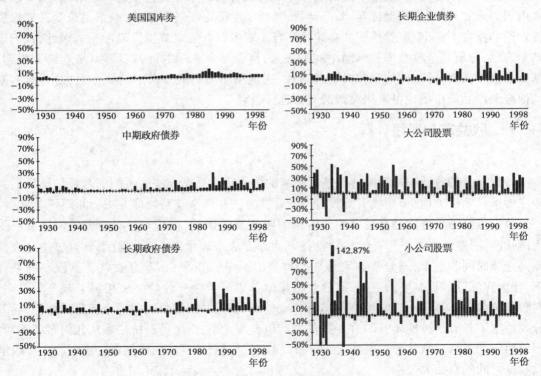

图6.2 美国各资产类别总体年回报率(1926—1998)

资料来源:SBBI年鉴(1990),《资产分配》(2006)第3章。

---

① 复合增长率的计算公式为:$1 \times (1 + 5.6\%)^{(2001-1945)} = 21.14362$。

通过图 6.2,我们可以明显地看出美国国库券的收益最小,从大约 1960 年后,美国国库券的收益缓慢增加,波动幅度较小;美国中期政府债券波动率较长期政府债券小,而收益率却相差不太大;美国长期企业债券的波动率明显高于政府债券。

值得注意的是,比较美国大公司和小公司股票的长期收益率,我们可以看出,小公司股票的波动率相当高,无论涨幅还是跌幅都超过大公司股票。例如,1935 年大公司上涨 50%,小公司涨幅高达 142.87%;1939 年大公司跌幅约 30%,小公司跌幅则超过了 50%。同时,小公司与大公司在涨、跌的时间上基本保持一致。

第三节 风险调整业绩评估——以基金为例

上节中我们考察了美国长期资产收益率及波动率的变化,这些分析都借助统计工具较为直观地表现出来,我们需要更精确的数量金融分析手段。控制了风险之后的收益率或收益率一定条件下的风险忍耐程度,都是投资者在投资过程中最为关心的问题。

根据资产组合理论,通过不同的资产分配可以有效地降低收益率的风险。当前,中国资本市场尚未完善,固定收益证券、商品期货、其他衍生品市场还不发达,股票是最受普通投资者欢迎的投资产品,而证券投资基金通过集合投资可以有效地减少风险冲击。因此,我们以基金为例,分析基金收益率和风险之间的关系,以及基金业绩的评估步骤。从理论上来看,基金的这些投资分析、评估步骤具有普适性,它适用于对一般意义上的资产组合的评估,对其他金融产品或市场也可采用类似的方法进行研究。

一、收益率与风险计算

1. 收益率计算

计算基金的收益率是正确评估基金业绩的第一步。计算方法的不同引起评估结果的差异主要来自两个方面:单期投资下收益率的计算方法和现金调整处理方法上的差异。

单期投资下不考虑基金的申购与赎回对收益率的影响,假设 t 时刻基金单位净资产为 P_t,则可采用差分收益率和对数差分收益率两种方法来表示基金的收益率。对数差分收益率是连续时间收益率,差分收益率是一次付息的简单收益率;在基金收益率比较小的条件下,比如在涨跌停板制度约束下,差分收益率就等于对数差分收益率。相对于差分收益率,对数差分收益率具有一定的优势:(1)保持收益率的可加性,即瞬时收益率满足累加性,而差分收益率不具有这种性质;(2)在经典的资产组合理论中,金融资产价格服从几何布朗运动,即价格序列进行对数差分后服从正态分布;(3)经过对数处理后的数据在一定程度上可以消除数据之间的自相关关系。

基金(特别是开放式基金)具有较大的现金流动,如红利分发、申购、赎回等行为。如果将收益率定义为在评估期间基金价值的变化加上在此期间的资本利得收入,那么基金的收益率可能会被在此期间基金的现金流入和流出所歪曲。特别地,当市场价格普遍上升时,基金的现金流入将会使基金的价值继续上升;相反,当市场价格下降时,基金的现金流出将导致基金的收益率更加萎缩。因此当出现这样的情况时,计算基金收益率时就应该作出相应的调整。

例如,表6.6中的A组数据描述了一个假想的基金在年中发生现金流后所出现的结果。基金在年初的价值为8万元,其价值在后半年时增长到8.8万元。但是,在后半年有2.2万元的资金流入使得基金价值继续升高,到年终时价值达到13.2万元。在这一年中,在有现金流的情况下,基金价值的变化为65%,但是在不考虑新的现金流的情况下,基金价值的变化为32%。因为基金经理通常不能控制这些现金流的时机,因此正确评估基金的投资收益需要对计算期间的现金流进行调整。一个常用的方法是:在每次出现现金流的时候计算投资收益,最后将所有的收益率用时间加权的形式(收益率相乘)复合计算出来,从而得到一个综合的收益率。

表6.6 收益率计算

计算方法	时期	
	前半年	后半年
A组		
期初价值(万元)	8	8.8
现金流(万元)	0	2.2
投资额(万元)	8	11
期末价值	8.8	13.2
价值变化(%)	10	50
全年价值变化(%)	—	65
B组		
每一期的收益率(%)	10	20
前半年和后半年时间的加权收益率(%)	—	32

资料来源:杨朝军主编:《金融投资风格与策略》,中国金融出版社2005年版。

表6.6中的B组数据说明了计算调整的过程:首先计算出前半年的收益率10%(8.8/8-1=10%),然后计算后半年的收益率20%(13.2/11-1=20%),将两个时期的收益率加权,得到整个期间的收益率32%[(1+10%)×(1+20%)-1=32%]。

从上面的例子我们可以总结出基金收益率的计算步骤[①]:

① 当基金没有现金流调整时,基金收益率等于资本利得(净现值的变化与红利之和)与上期的基金净现值之比:

$$R_t = \frac{VAV_t + D_t - VAV_{t-1}}{VAV_{t-1}} \tag{6.5}$$

式中:VAV_t 表示 t 期基金的单位净现值;D_t 表示在此期间的红利;R_t 表示基金收益率。

---

① 杨朝军主编:《金融投资风格与策略》,中国金融出版社2005年版,第369页。

② 当基金有现金流调整时,分两步进行。第一步,计算每一次现金流变化时的收益率,计算公式按照(6.5)式,分别得到收益率 $R_1, R_2, R_3, \cdots, R_n$;第二步,将这些收益率相乘,得到这期间总的收益率:

$$R = (1+R_1)(1+R_2)\cdots(1+R_n) - 1 \tag{6.6}$$

加权的基金收益率计算公式消除了估计期间基金现金流发生变化导致基金收益率计算不准确的问题,合理地反映了基金的真实收益率,反映了基金管理人的运作绩效,因此已成为投资界公认的最适宜的基金收益率计算方法。

2. 风险计算

在风险衡量时存在两种风险核算方法,即总风险和系统风险。例如,对于一个大型养老基金来说,它的所有资产分配给多个基金管理人持有,则风险主要来自不可分散的系统性风险,因此在进行评估时更关注不可分散化风险带来的损失。

在估算风险时,一般用收益率的方差来衡量总风险的大小,而用贝塔系数来衡量不可分散化的风险,具体度量方法参见第二章。

3. 风险和收益关系

组合收益率的目标是多层次的,但是核心目标只有一个,即调高预期收益率并控制资产风险水平。表6.7列出了美国证券市场上有代表性的38只大型共同基金的有关数据。这些数据说明了基金目标与风险的关系。这38只基金被分为3个组合,包括12只成长型基金、15只收益型基金和11只平衡型基金。研究子区间按照牛市和熊市分为1957—1968年和1969—1974年,以显示不同市场条件下的风险和收益率之间的关系。

表6.7 美国基金收益与风险关系(1957—1974)

基金目标	1957—1968 年牛市			1969—1974 年熊市		
	β 值范围	平均 β 值	平均季度收益率	β 值范围	平均 β 值	平均季度收益率
增长型	0.99—1.25	1.13	2.36	0.97—1.25	1.12	1.65
收益型	0.80—1.07	0.92	1.81	0.80—1.10	0.95	0.93
平衡型	0.58—0.91	0.76	1.27	0.70—0.92	0.78	0.56
S&P500	—	1.00	1.74	—	1.00	0.85

资料来源:杨朝军主编:《金融投资风格与策略》,中国金融出版社2005年版。

从表6.7中可以看出,无论是在牛市还是在熊市,增长型的 β 值最高,平衡型最低,收益型介于两者之间。在牛市中,高风险的增长型基金获得了最高的收益率,而低风险的平衡型基金获得了最低的收益率;在熊市中,高风险的增长型基金受到了最大的损失,而平衡型基金损失最小。

二、单位风险收益率调整法

早期的风险调整的业绩评估方法主要是以参数方法为主。参数方法是指在不考虑基金收益率分布的情况下,比较基金的期望收益率与标准差(或称系统风险)的方法。经典的基金风险调整业绩评估参数方法的第一类是单位风险收益率法,主要包括两种方法:夏普(Sharpe)比率法和特雷诺(Treynor)比率法。单位风险收益率法是将收益率的绝对水平与所面临的风险联系起来,从而建立风险调整后的业绩度量,并以此作为标准对基金业绩进行排序。根据这种排序,每单位风险收益率最高的基金被认为是业绩最好的基金,每单位风险收益率最低的基金被认为是业绩最差的基金。

1. 夏普比率法

夏普比率法以标准差作为组合风险的度量,给出了基金组合份额标准差的超额收益率。用公式表示为

$$SP = \frac{r_i - r_f}{\sigma_i} \tag{6.7}$$

式中:r_i 表示基金的平均收益率;r_f 表示无风险利率;σ_i 表示基金组合的标准差(总风险)。

2. 特雷诺比率法

特雷诺比率法是在夏普比率法的基础上,将基金收益率的标准差(个体风险)系数用组合与市场的风险系数(β_i)来代替,从而衡量的是在单位市场风险下的超额收益率。与夏普比率一样,特雷诺比率越大,表明基金的净值收益越高。用公式表示为

$$TP = \frac{r_i - r_f}{\beta_i} \tag{6.8}$$

式中:β_i 表示投资组合的市场风险(系统风险)。

夏普比率和特雷诺比率都是衡量承担单位风险时所获得的超额收益率,它们的值越高,基金业绩也就越好。两者的不同之处在于:前者采用的是总体风险调整,后者采用的是系统风险调整。对于资产分散化管理的年金基金,不论使用哪种度量比较方法,得到的业绩排序结果都是一样的。但对于非高度资产分散化的年金基金,则可能会出现不同的评价结果。对于只投资某一资产的年金基金来说,其投资所承担的风险应为该组合的全部风险,此时采用夏普比率法会比较合适。对于投资于很多资产的年金组合来说,其分散化的投资行为本身已经化解了组合投资的非系统风险,因此适宜采用特雷诺比率法。目前大部分的基金投资者往往持有多个资产份额及其他金融资产,这样的投资方式可以分散其所投资金融产品的非系统风险。

三、差异收益率调整法

经典的基金风险调整业绩评估参数方法的第二类是差异收益率法,其代表为詹森(Jensen)α 值法和总 α 值法。

1. 詹森(Jensen)α 值法

詹森 α 值法是典型的差异收益率法。该方法的最基本目标是在给定基金所面临的风险条件下,计算基金的期望收益率,然后与同一期的实际收益率相比较。根据资本资产定价模型(CAPM):

$$r_i - r_f = \alpha_i + \beta(r_m - r_f) \tag{6.9}$$

$$\alpha_i = (r_i - r_f) - \hat{\beta}(r_m - r_f) \tag{6.10}$$

式中：α_i 就是詹森 α 值；$\hat{\beta}$ 是利用历史数据，由 CAPM 回归得到的系统性风险值。如果基金经理对于价格有很强的预测能力，则詹森值就大于 0；否则就小于 0；而对于随机构造的组合并采取买入并持有策略，詹森值就等于 0。

2. 总 α 值法

Fama 将夏普采用的总风险调整方法和詹森采用的收益率表现形式相结合，提出了基金绩效评估的总风险调整 α 值法。用公式表示为

$$TRA = (r_i - r_f) - \frac{\sigma_i}{\sigma_m}(r_m - r_f) \tag{6.11}$$

式中：σ_m 表示市场收益率标准差（市场风险）；σ_i 表示投资组合收益率标准差（个体风险）。

四、风险调整指标法

经典的基金风险调整业绩评估参数方法的第三类是风险调整指标法，其代表为风险调整绩效法（risk-adjusted performance）和系统风险绩效调整法（market risk-adjusted performance）。

1. 风险调整绩效法

这种方法是由莫迪里安尼（Modigliani）提出的，他采取将所有待评估的资产组合风险调整到市场风险水平，并构造一个等价投资组合的方法来调整风险。具体的步骤是：

（1）假设任意投资组合 i 的平均收益率为 r_i，标准差为 σ_i。

（2）由上述组合 i 借入或卖出一定比例（d_i）的无风险资 r_f，从而构造一个新的等价风险组合，记为 $\hat{i}$；如果借入则 $d_i > 0$，反之则 $d_i < 0$；$\hat{i}$ 的收益率为 $\hat{r}_i$，标准差为 $\hat{\sigma}_i$。

（3）等价风险组合具有相同的绩效，在等价组合中可以确定一个特定的组合，这个组合与市场组合有相同的风险。假设得到这个组合需要借入的资金比例为 d_i，则有

$$\hat{\sigma}_i = (1 + d_i)\sigma_i = \sigma_m$$

即

$$d_i = \sigma_m/\sigma_i - 1$$

从而得到风险调整绩效（RAP）：

$$RAP = \hat{r}_i = (1 + d_i)r_i - d_i r_f$$

则

$$RAP = (\sigma_m/\sigma_i)r_i - (\sigma_m/\sigma_i - 1)r_f = r_f + (\sigma_m/\sigma_i)(r_i - r_f) \tag{6.12}$$

可以证明，任意两个资产组合 i 和 j，如果它们是等价风险类组合，即其中一个组合可以由另外一个资产组合和无风险组合构成，则它们的 RAP 是相同的。RAP 指标的核心在于：如果一个资产组合比另一个资产组合收益率更大，但是总风险也增加了相同的比例，则它们具有相同的绩效。

2. 系统风险调整绩效法

同 RAP 一样,可以建立等价风险组合,这个组合与市场组合具有相同的系统风险,则系统风险调整绩效法(MRAP)公式为

$$MRAP = r_f + (1/\beta_i)(r_i - r_f) \tag{6.13}$$

五、风险调整业绩评估方法比较

上面介绍的这些方法具有一定的共同点,但也各具特色。相同的地方是这些方法都是参数方法,因此在进行绩效评估时使用了收益率和风险水平两个指标。不同点在于这些方法的度量方式不同,以及在风险调整对象上有差异,有的使用系统风险,有的使用总风险。我们将这几种方法总结如表 6.8 所示。

表 6.8 风险调整业绩评估方法比较

风险形式	指标	公式	计算方法	调整方法
系统风险	TR	$(r_i - r_r)/\beta_i$	利用历史数据估计均值和系统风险代入公式	基金 β 值调整到市场 β 值处
	Jensen α 值	$(r_i - r_f) - \hat{\beta}(r_m - r_f)$		市场组合 β 值调整到基金 β 值处
	MRAP	$r_f + (1/\beta_i)(r_i - r_f)$		基金 β 值调整到市场 β 值处
总风险	SR	$(r_i - r_r)\sigma_i/\sigma_m$	利用历史数据估计均值和标准差代入公式	基金总风险调整到市场 β 值处
	TRA	$(r_i - r_f) - \sigma_i/\sigma_m(r_m - r_f)$		市场总风险调整到基金总风险
	RAP	$r_f + (\sigma_m/\sigma_i)(r_i - r_f)$		基金总风险调整到市场总风险

在上面所述的方法比较中,王守法(2005)是比较有代表性的一篇重要文献。他选取 1999 年 12 月 31 日前上市且规模为 20 亿的 10 家基金,以 2001—2003 年的基金累计单位净值数据,采用风险调整收益评价法,包括夏普指数、特雷诺指数和詹森指数,用这些指数对所选基金进行排名,并进行比较分析。他发现:"2001 年所有样本基金的夏普指数都高于基准组合,2002 年有 4 只基金的夏普指数小于基准组合,2003 年的夏普指数相对较集中,最大是 012505(基金兴华),最小是 011225(基金安顺)。特雷诺指数的结果与夏普指数相似。"王守法(2005)用 VaR 和总 α 值法来衡量基金经理的选股能力。"2000 年有将近 50% 的基金 α 值大于 0,2001 年 90% 的基金 α 值大于 0,而在 2002 年只有 20% 的基金 α 值大于 0,2003 年 8 只基金 α 值大于 0,也就是说,它们在选股方面战胜了市场。"

陈学华、杨辉耀(2002)运用基于 VaR 的证券投资基金绩效评估方法。胡倩(2004)提出了"以股票为媒介,从全市场、全基金的角度考虑评价基金的绩效"方法。"股票的质地决定了基金的业绩,而股票的质地由持有该股票的基金能力的加权平均值表示,权重由该基金持有比重与所有持有该股票的基金持有比重之和的比例决定。"吴启芳等(2001)、周晓华(2001)、汪光成(2002)、周治(2004)利用詹森 α 值法和改进的 β 值方法对中国基金的证券选择和市场时机选择能力进行了检验。吴小燕(2009)在对经典基金评价体系的比较分析的基础上,结合经典模型的特点,通过基金指标分析构造了一个基金绩效综合评价模式。从目前的文献和实际运用来看,都是基于上文经典模型的改进和发展,因此学习和掌握经典评估

方法是开展金融理财规划方案评估的必要准备。

本 章 小 结

金融工具的风险分析是金融理财规划的方案评估的第一步。本章对我国主要金融理财产品的风险特征进行梳理，并结合成熟市场的风险评估和度量方法，对这些金融理财产品进行简单的评估。同时，对美国市场中的主要投资产品进行了风险—收益分析，结合美国的理财产品的历史数据，可以为我国金融理财产品的发展提供一定的方向。最后以投资基金为例，对风险调整的业绩评估方法作了相应的介绍，并对几种主要的方法进行了比较分析。

第七章 金融理财规划案例[①]

第一节 青年家庭理财规划案例

一、财务现状和理财目标

1. 财务现状

徐先生,25岁,未婚,营销顾问,从事汽车销售,计划两年后与现女友结婚,婚嫁费用由双方家长支付,两年后生子。

徐先生月收入15 000元,有一辆价值80 000元的汽车和5 000元现金,5 000元活期储蓄,价值90 000元的股票,其他个人资产36 000元,有拆迁款40万元第二年可以拿到,准备付房子的首付,月支出2 000元。女友月收入5 000元。计划有了孩子以后每月支出5 000元(见表7.1)。

表7.1 婚前家庭资产负债表　　　　　　　　　　　　　　　(单位:元)

资产项目	金　额	负债项目	金　额
现金	5 000		
活期存款	5 000		
股票	90 000		
自用汽车	80 000		
房产	0		
其他个人资产	36 000		
总资产	216 000	总负债	0
净资产		216 000	

2. 理财目标

(1) 结婚时购买房产,价值200万元,贷款15年还清(见表7.2)。

(2) 供给孩子学费,希望让孩子出国念大学,从小接受优质教育。

(3) 给家庭成员作一份详细的保险计划。

[①] 本章所有案例均取自2009年"中信杯"上海市大学生理财规划大赛获奖作品,编写时对案例的结构和文字进行了适当的调整。原作者恕不一一列出,在此一并表示感谢。

（4）资产增值。

表 7.2 婚后家庭资产负债表　　　　　　　　　　　　　　　（单位：元）

资产项目	金额	负债项目	金额
现金	5 000	房贷	1 600 000
活期存款	5 000		
股票	99 000		
自用汽车	80 000		
房产	2 000 000		
其他个人资产	36 000		
总资产	2 225 000	总负债	1 600 000
净资产			625 000

基于以下假设，我们为徐先生提供未来 25 年现金流量表（见表 7.3）：

（1）工资收入随着薪金增长率增长；

（2）股票投资每年收益率为 10%，并且收益在下一年度转为本金；

（3）消费支出随着通货膨胀率增长，未来每年的通货膨胀率为 3.50%；

（4）假定利息收入每年固定。

表 7.3 家庭现金流量表

家长年龄	孩子年龄	工资收入（元）	股票本金（元）	投资收入（元）	消费支出（元）	还贷支出（元）	教育支出（元）	年度现金流（元）	金融资产总额（元）	工资增长率
25		180 000	90 000	9 000	24 000	0		165 018	140 509	4%
26		249 600	99 000	9 900	49 680	140 413		69 425	209 934	4%
27		259 584	108 900	10 890	51 420	140 413		78 659	288 593	4%
28	1	269 967	119 790	11 979	60 000	140 413		81 551	370 144	4%
29	2	280 766	131 769	13 177	62 100	140 413		91 448	461 592	4%
30	3	291 997	144 946	14 495	64 274	140 413		101 823	563 415	4%
31	4	303 677	159 440	15 944	66 523	140 413	10 000	102 703	666 118	4%
32	5	315 824	175 385	17 538	68 851	140 413	10 000	114 116	780 233	4%
33	6	328 457	192 923	19 292	71 261	140 413	10 000	126 093	906 326	4%
34	7	341 595	212 215	21 222	73 755	140 413	10 000	138 666	1 044 992	4%
35	8	355 259	233 437	23 344	76 337	140 413	10 000	151 871	1 196 863	4%

第七章　金融理财规划案例 *121*

续表

家长年龄	孩子年龄	工资收入（元）	股票本金（元）	投资收入（元）	消费支出（元）	还贷支出（元）	教育支出（元）	年度现金流（元）	金融资产总额（元）	工资增长率
36	9	362 364	256 781	25 678	79 009	140 413	10 000	158 638	1 355 501	2%
37	10	369 611	282 459	28 246	81 774	140 413	10 000	165 688	1 521 189	2%
38	11	377 003	310 704	31 070	84 636	140 413	10 000	173 043	1 694 232	2%
39	12	384 543	341 775	34 177	87 598	140 413	10 000	180 728	1 874 960	2%
40	13	392 234	375 952	37 595	90 664	140 413	20 000	178 770	2 053 730	2%
41	14	400 079	413 548	41 355	93 837		20 000	327 614	2 381 344	2%
42	15	408 080	454 902	45 490	97 122		20 000	336 467	2 717 811	2%
43	16	416 242	500 393	50 039	100 521		30 000	335 778	3 053 590	2%
44	17	424 567	550 432	55 043	104 039		30 000	345 589	3 399 179	2%
45	18	433 058	605 475	60 547	107 681		30 000	355 943	3 755 122	2%
46	19	441 719	666 022	66 602	111 449		300 000	96 890	3 852 012	2%
47	20	450 554	732 625	73 262	115 350		300 000	108 484	3 960 496	2%
48	21	459 565	805 887	80 589	119 387		300 000	120 784	4 081 281	2%
49	22	468 756	886 476	88 648	123 566		300 000	133 856	4 215 137	2%
50	23	478 131	975 124	97 512	127 891		0			2%

从以上现金流量表可以看出，主要存在以下问题：家庭闲置资金过多，无法带来收益；流动资产投资结构单一，仅有股票和活期储蓄；徐先生的家庭无任何意外或重大疾病保险支出，一旦发生意外或重大疾病，家庭将陷入经济困境。

二、财务指标分析和风险偏好评估

1. 财务指标分析

（1）总资产负债比率。总资产负债比率是客户的负债和总资产的比值，可以用来衡量该家庭的综合还债能力。计算公式为：总资产负债比率 = 负债/总资产。

对于徐先生的家庭来说，总资产负债比率 = 1 600 000/2 220 680 = 0.72。正常情况下，总资产负债比例的数值应在 0—1 之间，并控制在 0.5 以下，以避免家庭资不抵债的风险。可见，目前的资产能够偿还债务，但偿债能力相对较弱，需要注意平日的开源节流，以防资不抵债。

（2）流动比率。流动比率是指资产在未发生价值损失的条件下迅速变现的能力。计算公式为：流动比率 = 流动性资产/每月支出。该家庭的现金及活期存款、短期债券以及其他短期市场货币工具被视为流动性资产，流动比率就是反映徐先生的这一类资产数额与每月支出的比率。一般来说,若客户的流动性资产能够满足其3个月支出,即该比值大约为3时,流动性水平较高。

对于徐先生的家庭来说,流动比率=(现金+活期存款)/每月支出=(5 000+10 350)/5 000=3.07,说明流动性水平很好,有足够的流动性资产满足每月支出;如果遇到紧急的事情,徐先生将有足够的流动资金满足需求。

(3)储蓄比例。储蓄比例是客户现金流量表中盈余和收入的比例,它反映了客户控制其开支和增加其净资产的能力。计算公式为:储蓄比例=盈余/税后收入。

对于徐先生的家庭来说,储蓄比例=64 196/249 600=0.26,说明徐先生家庭除满足当年的支出外,还可以将26%的收入用于增加储蓄或投资。对于徐先生的家庭现状和理财目标而言,该比例偏低,在可能的情况下,建议适当提高储蓄比例。

2. 风险偏好情况分析

下面,我们对该客户进行一个风险承受能力的测评(见表7.4)。测评结果如下:

表7.4 风险承受能力测评表

分数	10分	8分	6分	4分	2分
就业状况	公教人员	上班族	佣金收入者	自营事业者	失业
家庭负担	未婚	双薪无子女	双薪有子女	单薪有子女	单薪养三代
置产状况	投资不动产	自宅无房贷	房贷<50%	房贷>50%	无自宅
投资经验	10年以上	6—10年	2—5年	一年以内	无
投资知识	有专业证照	财经科系毕业	自修有心得	懂一些	一片空白

经过综合计算(略),可以看出:年龄分为(50-3=)47分,总分为(47+6+6+4+6+8=)77分。

表7.5 风险承受态度评分表

分数	10分	8分	6分	4分	2分
首要考虑因素	赚短线差价	长期利得	年现金收益	抗通胀保值	保本保息
过去投资绩效	只赚不赔	赚多赔少	损益两平	赚少赔多	只赔不赚
赚钱心理状态	学习经验	照常过日子	影响情绪小	影响情绪大	难以成眠
目前主要投资	期货	股票	房地产	债券	存款
未来避免工具	无	期货	股票	房地产	债券

根据综合计算,可以看出:该客户对本金损失的容忍程度分为44分。

根据表7.4和表7.5的调查分析,该客户的风险承受能力较高,属于中高能力,中等态度。

三、理财规划方案设计

1. 理财规划建议的基本假设与设计原则

根据对宏观经济金融环境的分析和研究,我们作出本理财方案的基本金融假设,具体如下:

(1) 保守配置型基金年收益率为5%,股票型基金年收益率为10%;
(2) 年通货膨胀率为2%;
(3) 薪金增长率第1个10年为4%,之后以2%的速度增长;
(4) 房屋贷款利率为3.87%;
(5) 股票投资收益率为10%;
(6) 活期储蓄利率为0.36%。

本理财方案的总体设计原则是根据徐先生的理财目标和财务现状,客观、全面地分析经济环境因素对徐先生的影响,从合理构建资产组合、保障人生幸福生活、提高家庭生活质量等方面着手,帮助徐先生实现理财目标。其具体原则如下:

(1) 注重方案的经济性和实用性,以及实现理财目标的成功率;
(2) 合理构建资产组合,提高资产收益率,实现合理的现金流;
(3) 对家庭成员的保障和养老进行补充和规划;
(4) 提高存量资产的周转率,避免资金闲置。

2. 理财规划建议

综合上面对于财务状况和风险偏好的分析,我们提出的理财建议如下:

(1) 在现有资金中预留部分资金作为备用金。活期储蓄作为流动备用金,以3万元为宜。

(2) 合理选择投资渠道和投资方式。为了提高资金的运用效率,使资金的综合收益率达到最大化,徐先生可以按照长短期结合、稳健性投资和风险性投资有机组合的原则进行合理的多渠道资金分配。在投资中注重收益性、流动性和风险性的合理搭配,达到既能获得一定收益,又能有效规避风险的目的。将每年的现金流量投资于股票和基金债券,30岁以前股票和基金债券的比例以7:3为宜,30岁以后两者各半。

(3) 合理选择保险险种和保费支出。徐先生作为家里的顶梁柱和经济收入的主要来源,保险可以保障在突发事件下的损失并且为孩子的教育金进行储蓄。建议以家庭收入的10%用于保险。同时,可考虑组织家庭每年外出旅游,每年人均开支约6000元。

具体来看,徐先生家庭的理财规划方案可以作如下安排。

(1) 日常支出方案。对于新婚家庭来说,"节流"比"开源"更实际也更迫切,因此,理财的第一步就是要设定每个月的储蓄目标,以此来积累财富,控制不必要的支出。比如,避免频繁地泡吧、K歌;尽量减少在外就餐的次数并控制档次;要坚持不"血拼"购物,衣服在精不在多,每月日常生活支出控制在家庭收入的1/2左右较为合适。

(2) 备用金方案。为了应付诸如暂时性失业、突发事故等意外情况引发的现金需求,徐先生应准备足够的备用金,以备不时之需。徐先生每月日常支出为5 000元,建议以调整后每月日常支出的3—6倍作为预防性资金,例如30 000元。

(3)保险方案。首先分析保险需求情况。徐先生作为家庭的经济支柱,他的保障是家庭财务稳健的重要组成部分;太太作为家庭的第二大经济支柱,她的健康和意外保障也是尤为重要的;孩子作为家庭的中心人物,其健康和教育是父母最为关注的。

由以上分析可得,保障顺序依次为:先生——寿险、健康和意外保障;太太——健康和意外保障;孩子——健康、意外和教育保障。根据调查和分析,我们建议的保险组合如表7.6所示。

表7.6 保险资产组合方案

姓名	投保险种	单位保额（元）	交费期（年）	基本保费（元/年）	推荐份数	保费小计（元/年）	个人小计	
							保费（元/年）	保额（万元）
先生	康恒终身	10 000	20	370	20	7 400	7 911	36
	祥和定期	10 000	20	25.1	10	251		
	意外综合/意外	1 000	每年	4	50	200		
	意外综合/医疗	1 000	每年	6	10	60		
太太	康恒终身	10 000	20	320	20	6 400	6 660	26
	意外综合/意外	1 000	每年	4	50	200		
	意外综合/医疗	1 000	每年	6	10	60		
孩子	鸿运少儿	10 000	交至15岁	917	3	2 751	3 651	8
	康恒终身	10 000	20	180	5	900		
合计							18 222	70

每月支付1 518元保费,就能拥有70万元的保障。

计划优势为:

A. 先生

重疾保险金:29类重大疾病保障为20万元;

残疾保险金:最高保障为5万元;

身故保险金:50岁前为30万元,50岁后为20万元;

医疗补偿金:最高可享受1万元的意外伤害医疗费用补偿;

附加功能:可转换权益、保单借款、减额交清。

B. 太太

重疾保险金:29类重大疾病保障为20万元;

残疾保险金:最高保障为5万元;

身故保险金:终身为20万元;

医疗补偿金:最高可享受1万元的意外伤害医疗费用补偿;

附加功能:保单借款。

C. 孩子

成人保险金:18岁时可获得1.5万元成人保险金;

创业保险金:22岁时可获得1.5万元创业保险金;

婚嫁保险金:25岁时可获得1.5万元婚嫁保险金;

重疾保险金:29类重大疾病保障为5万元;

身故保障:18岁前以及25岁后为5万元,18—25岁期间拥有8万元的身故保障金;

保单红利:分享保险公司的经营成果,红利领取灵活方便;

附加功能:保单借款。

应该注意:康恒险种的重疾、身故保险金累计不超过投保时的风险保额,建议采用中国人寿旗下的家庭保险,原因是其保险方案多样,保障功能齐全,保险价格适中,可以有效地保障家庭各个成员的生活安全,避免健康、意外等突发问题对家庭造成重大影响。

(4) 房产购买方案。楼市在经历了2008年的低迷后,随着金融危机的逐渐消除,楼市快速崛起,房价屡创新高,而上海的房价更是向着2007年的高点冲刺、突破。2009年以来,内环以内累积成交平均房价为28 105元/平方米,内中环间累积成交平均房价为19 949元/平方米,中外环间累积成交平均房价为12 352元/平方米,外环以外累积成交平均房价为9 250元/平方米,郊区累积成交平均房价为5 826元/平方米。根据客户的财务状况和工作情况,客户适合于购买内中环间居住房,购买面积为100平方米,总金额为1 994 900元。首付20%,即398 980元。15年房贷,现今公积金房贷利率为5年以上3.87%,因此,还款总额为2 106 203.33元,其中利息为510 283.33元,第一期还款11 701.13元。若第二次使用商业按揭贷款购买房屋(第一次按揭贷款未还清),则贷款首付上浮10%,利率上浮10%。因此,如果第二次购房用于给子女,那么当子女成年后由子女购买更合算,能享受各种房贷优惠。若用于投资,则将付出更大的成本。

(5) 教育方案。

① 单身期的教育投资安排。自我增值实际上也是一种理财,比如从事会计工作,资格直接决定薪酬水平。年轻人平时采取自修、进修等形式,为自己"充电",尽快取得行业内的注册认证,收入就有可能很快增加,从而更好地适应日趋激烈的职场竞争。

该客户从事营销工作,外语、营销资质等个人竞争力将直接决定薪酬水平,所以,建议他每年花费5 000—7 000元,采取自修、进修、参加讲座培训等形式为自己"充电",使自己的综合素质不断得到提升。这样能提高自己的综合素质,更好地适应日趋激烈的职场竞争。

② 家庭形成期的教育投资安排。该时期客户的从业道路及发展趋势初露端倪,不过还得不遗余力地提升自己的竞争力,但比起上个时期可稍轻松些。因为该客户还有诸如结婚、生子等事务需要忙碌,建议他每年花费3 000—5 000元,采取自修、进修、参加讲座培训等形式为自己"充电",使自己的综合素质不断得到提升。

③ 家庭成长期的教育投资安排。正所谓"活到老,学到老",为了不让自己被时代抛弃,建议该客户依然要不停地为自己"充电",可每年花费2 000—5 000元,采取自修、进修、参加

讲座培训等形式,提升自己的综合素质。

④ 子女教育规划。由于教育深化现象越来越严重,10 年后就业形势将比目前更为艰难,大学本科文凭已不能确保获得好的工作。建议将子女出国留学攻读研究生学位作为子女教育方案的目标,并作好资金准备。小学、初中阶段均属于国家九年义务教育范畴,教育费用较低,可将教育费用分摊到日常开支中去,同时,可根据孩子兴趣学习英语以及乐器。这样,小学每月分摊教育费为 1 200/12 = 100 元,学习兴趣类项目每年以 10 000 元计;初中一年级每月分摊教育费为 2 400/12 = 200 元,学习兴趣类项目每年以 10 000 元计。

下面重点要考虑的是高中以后各阶段所需要的教育费。高中一年级每月分摊教育费为 4 800/12 = 400 元,大学一年级每月分摊教育费为 24 000/12 = 2 000 元。出国读研究生 1—2 年共需花费 30 万元左右。考虑通货膨胀因素,从小学四年级到博士毕业共需教育资金如表 7.7 所示。

表 7.7 教育费用预算 （单位:元）

	小学	初中	高中	大学	出国读研	合计
教育费	67 860	37 455	14 910	101 159	300 000	521 384

（6）健康方案。生命之贵,贵于万物,身心健康与长寿,是人生一大幸福,是一笔无形资产。健康的体魄是人能劳动并创造财富的根本前提。因此,健康才是最大的财富。近年来,在绿色体育健身方面的投资(即健康投资)逐渐成为人们关注的焦点,被视为永不"贬值"的投资。

该客户属于月收入在 4 000—7 000 元的白领阶层。这部分人的体育投资定位在健身、娱乐和发展体育技能上。其体育投资支出可以占其全部收入的 10%—15%。由于他们一般拥有比较宽敞的住房,可以购置高档运动健身器械;还可以以长期会员的形式参加一些健身、休闲俱乐部的体育活动和比赛;这部分人群一般都拥有私人汽车,因此时常可以到郊外一些休闲度假场所进行休闲活动。

3. 资产配置和投资组合设计

由于徐先生收入较高,经得起风险,并且精力旺盛,所以建议将除去必要支出以外的收入用于投资。分析各类资产的投资属性,如表 7.8 所示。

表 7.8 各类投资工具的"三性"比较

投资方案投资工具	安全性	获利性	流动性
储蓄	******	*	*****
债券	****	**	***
基金	***	***	****
股票	**	****	*****
期货	*	*****	****
房产	****	?	*
收藏	***		**

基于该客户的风险承受能力较高,作出以下资产配置比例建议(见表7.9)。

表7.9 各类金融资产分配比例

投资种类	预期收益	投资比例	各种类预期收益
保守配置型基金	5.00%	30%	1.5%
股票型基金	10.00%	70%	7.0%
组合预期收益			8.5%

(1)保守配置型基金投资建议。

此类基金为混合配置型基金中的偏债型基金,对于今年充满阶段性机会的市场来说,建议主要配置此类基金以提高整体组合收益。保守配置型基金的股票仓位长期保持在较低水平,风险收益特征低于股票型基金和积极配置型基金,但高于货币型、债券型和保本型基金,在市场震荡行情中基金净值的波动性较小。保守配置型基金的基金经理通过较高的债券配置降低波动风险,为低风险偏好的客户提供可以选择的投资工具,同时参与偏低的股票配置,获取一定的超额收益。

(2)股票型基金投资建议。

二季度股票型基金仓位创历史新高,基金大举做多,自去年二季度以来首次转正,逐步收复失地,基金(特别是去年亏损严重的偏股基金)的分红能力大大增强。对于未来市场走势,我国经济运行出现积极变化,总体形势企稳向好,房地产将拉动相关产业,带动中国经济阶段性复苏。企业盈利也有望加速上升,从而降低市场整体的估值水平,建议增加持有。

(3)债券投资建议。

债券作为一个风险低、收益稳定和流动性强的投资工具,尤其适合于年龄较大、缺乏投资经验的投资者,但是青年也可以适当投资债券,以获得稳定、定期的收益。国债的显著优势是其具备安全性,理论风险为零,投资者根本不用担心违约问题。同时,国债的收益率比同期储蓄利率高,且不缴纳利息税,但国债的利率一般不随储蓄利率调整而调整。对大多数投资者来说,一般都是消极型投资者,因为他们都缺少时间,缺乏必要的投资知识。所以,徐先生可以选择这种最简单的购买持有国债的投资方法。其步骤是:在对债券市场上所有的债券进行分析之后,根据自己的爱好和需要,买进能够满足自己要求的债券,并一直持有到到期兑付之日。在持有期间,并不进行任何买卖活动。

四、理财方案评估与执行

根据上述拟定的财务规划,我们可以初步估算徐先生一家的未来现金收支情况。具体如表7.10所示。

表7.10 理财规划方案设计后的现金流量表 （单位：元）

家长年龄	工资收入	投资收入	利息收入	消费支出	保险支出	旅游支出	教育支出	还贷支出	投资支出	总投资数量	年度现金流	当年金融资产总额
25	180 000	20 274	108	24 000	7 911	12 000	5 000	0	131 089	221 089	20 382	457 471
26	249 600	22 789	108	49 680	15 081	12 000	5 000	140 413	27 426	248 515	22 897	487 412
27	259 584	26 011	108	51 420	15 609	12 000	5 000	140 413	35 142	283 657	26 119	525 776
28	269 967	285 144	108	60 000	19 260	18 000	5 000	140 413	27 294	310 951	28 622	555 574
29	280 766	31 753	108	62 100	19 934	18 000	5 000	140 413	35 319	346 270	31 861	594 131
30	291 997	35 758	108	64 274	20 632	18 000	5 000	140 413	43 678	389 949	35 866	641 815
31	303 677	39 645	108	66 523	21 354	18 000	15 000	140 413	42 387	432 335	39 753	688 088
32	315 824	44 364	108	68 851	22 101	18 000	15 000	140 413	51 458	483 793	44 472	744 265
33	328 457	49 949	108	71 261	22 875	18 000	15 000	140 413	60 908	544 701	50 057	810 758
34	341 595	56 317	108	73 755	23 675	18 000	16 310	140 413	69 441	614 142	56 425	886 567
35	355 259	63 625	108	76 337	24 504	18 000	16 310	140 413	79 695	693 837	63 733	973 569
36	362 364	71 261	108	79 009	25 362	18 000	16 310	140 413	83 271	777 107	71 369	1 064 476
37	369 611	79 226	108	81 774	26 249	18 000	16 310	140 413	86 865	863 972	79 334	1 159 306
38	377 003	87 523	108	84 636	27 168	18 000	16 310	140 413	90 476	954 448	87 631	1 258 079
39	384 543	96 152	108	87 598	28 119	18 000	16 310	140 413	94 103	1 048 551	96 260	1 360 812
40	392 234	105 007	108	90 664	29 103	18 000	17 485	140 413	96 569	1 145 120	105 116	1 466 236
41	400 079	127 074	108	93 837	30 122	18 000	17 485		240 635	1 385 755	127 182	1 728 937
42	408 080	149 476	108	97 122	31 176	18 000	17 485		244 298	1 630 053	149 584	1 995 637
43	416 242	172 904	108	100 521	32 267	18 000	9 970		255 484	1 885 537	173 012	2 274 549
44	424 567	196 669	108	104 039	33 397	18 000	9 970		259 161	2 144 698	196 777	2 557 475
45	433 058	220 771	108	107 681	34 565	18 000	9 970		262 842	2 407 540	235 879	2 859 420
46	441 719	243 348	108	111 449	35 775	18 000	30 290		246 205	2 653 745	243 456	3 113 202
47	450 554	266 263	108	115 350	37 027	18 000	30 290		249 886	2 903 632	266 371	3 386 003
48	459 565	289 515	108	119 387	38 323	18 000	30 290		253 564	3 157 196	289 623	3 662 819
49	468 756	313 103	108	123 566	39 664	18 000	30 290		257 236	3 414 431	328 211	3 958 643
50	478 131	325 592	108	127 891	41 053	18 000	155 000		136 188	3 550 619	325 700	4 092 319

注：在徐先生45岁和49岁时分别有保险收入15 000元现金流入。

我们利用资金的时间价值，为徐先生的家庭创造了充裕的现金流，确保了家庭没有任何一年出现财政赤字。此外，我们通过压缩日常开支，调整徐先生的支出结构，为徐先生和家庭成员提供了医疗意外保险和少儿健康保险，准备了充足的子女教育基金，使徐先生在家庭保障、医疗保障和子女教育方面无后顾之忧。同时，也考虑到了旅游支出，让徐先生和家庭成员在生活有保障的同时,进行户外活动,开拓视野,锻炼身体。到 50 岁时可以积累 4 092 319 元的现金余额,将来是留给子女的一大笔财富。

我们认为,根据目前的情况,在设定的一切金融假设均正确的前提下,如果能够切实执行我们共同商定的理财策略和财务计划,未来的现金流及资产状况将呈良好状况,上述理财目标均可得到实现。如果决定采纳本理财方案,我们将协助准备必要的文件。

五、理财方案监控和调整

上述理财规划方案是在现有的国家经济政策和宏观经济环境,以及未来预期变化的基础上设计的。如果国家经济环境或者家庭财务发生了变化(例如重组了家庭,或者提前退休),我们为徐先生设计的理财规划方案也应相应作出调整。

投资策略:当投资产品的收益和风险即将出现或已出现较大的变化,应该适当作出调整,以增加获利或减少损失。例如,当客户预测股市即将再次陷入低谷,应减少股票型基金的持有量,以降低投资组合的风险。

教育策略:当子女在学业上超出或低于预期时,可以适当改变教育策略,相应地对现金流的运用进行重新分配。

第二节 高收入中年家庭理财规划案例

一、客户基本信息分析

赵先生,49 岁,从事物流行业,将于 5 年后退休;太太李女士,46 岁,全职太太;儿子,20 岁,在本市就读大学二年级。赵先生一家月收入较高,且收入稳定,没有负债,同时在深圳、上海、长沙有三处房产,家底殷实。夫妇二人计划明年在北京购房安置,并且有意让孩子大学毕业后赴国外深造。为实现未来一系列的计划,夫妇二人要对家庭理财作出相应的调整和安排。

1. 家庭财务状况分析

(1)收支状况分析。赵先生家每月收入总计 50 000 元,其他收入 5 000 元,每月基本生活开销 12 500 元,家庭每月结余 42 500 元,加上年终奖金、利息股利收入,扣除年度其他支出,赵先生家庭每年净收入为 680 000 元,家庭财富起点很高。

表 7.11 每月收支状况表 (单位:元)

收入		支出	
本人月收入	50 000	房屋月供	0
配偶收入	0	基本生活开销	10 000
其他收入	5 000	子女教育生活费	2 500
		医疗费	0

续表

收入		支出	
合计	55 000	合计	12 500
每月结余	42 500		

表7.12 年度收支状况表　　　　　　　　　　　　　　　　　　　　　　（单位：元）

收入		支出	
年终奖金	60 000		
其他收入	定期存款　80 000 债券　40 000 股利、股息　20 000	其他支出	30 000
合计	200 000	合计	30 000
年度结余	170 000		

（2）资产负债情况分析。赵先生家庭财产净值累计7 800 000元，其中房产3 500 000元，各种储蓄及现金2 800 000元，其他投资1 500 000元。

表7.13 家庭资产负债状况表　　　　　　　　　　　　　　　　　　　　（单位：元）

家庭资产		家庭负债	
活期及现金	100 000	房屋贷款	0
定期存款	2 700 000	其他贷款	0
基金	0		
股票	500 000		
国债	1 000 000		
其他金融资产			
房产（自用）	3 500 000（3套）		
房产（投资）			
黄金及收藏品			
汽车			
合计	7 800 000	合计	0
家庭资产净值	7 800 000		

（3）风险偏好状况情况分析。按照现在的投资状况来看，可以初步认定赵先生一家属于保守型——主要投资国债，其余皆为定期存款。这样的家庭投资要求是为了稳中求进，保障未来生活。

2. 理财规划现状分析

目前来看,赵先生属于高收入且收入稳定,每月花销较少,基本没有其他负担。但是,5年后赵先生退休,基本工资和年底分红不再是稳定的收入来源;孩子出国留学,家庭花销将逐渐增加;此外,由于赵先生家是典型的三口之家,因此保险投入也将成为一项较重要的支出。

目前,赵先生家的理财状况主要存在以下几个问题。

(1) 资产整体配置不合理,自用固定资产比重太高。赵先生夫妇目前有3套房产,价值占总资产的44.87%。3套房产均用于自住,无投资性房产,增值效益低,自用房产承担的风险相对增加。

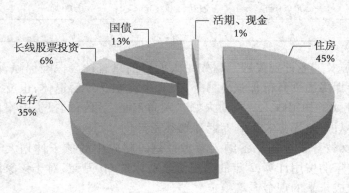

图7.1 家庭资产配置

(2) 金融投资工具过于简单,未充分利用闲置资金,投资效率低。赵先生夫妇在投资方面只涉足了定期存款、国债,以及一部分稳健、低风险的长线股票,金融工具的利用较为简单。从投资比例上看,定期存款占到64%,国债占24%,股票为12%。

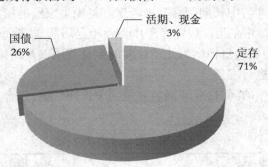

图7.2 投资份额

从收益角度分析,定期存款、国债、长线股票的年度总收益率为3.69%。具体来看,5年期存款利率为2.88%,3年期凭证式附息国债(2009年10月15日发行)利率为3.73%(包含利息税)。李女士将约270万元投资于定期存款和国债,降低了资产整体的收益率。另外,投资的股票类资产年度收益率稳定在7%左右,收益率偏低。此外,该家庭持有10万元左右的现金和活期存款,相对于每月 1.25 万元的消费额来说,流动性存款持有量较多。

根据以上分析,我们认为:赵先生家庭持有包括房产和流动性资产等在内的过多闲置资产,不利于投资效率的提高。无风险资产(国债及定期存款)投资份额过高,考虑通胀因素,其保值增值能力有限。

表7.14 金融投资收益

投资种类	投入金额	年收益	年收益率	净资产收益率
定期存款	2 700 000 元	80 000 元	2.88%	
国债	1 000 000 元	40 000 元	4.00%	
股票	500 000 元	股利 35 000 元	7.00%	
				3.69%

(3)保险保障及养老计划欠缺。赵先生夫妇目前只有社会保险保障,没有购买商业保险,其家庭及财产保障力度有待加强。另外,赵先生将在 5 年后退休,也就意味着将失去每年共计约 660 000 元的稳定收入。目前夫妇二人尚未制定可行的投资方案以保证今后稳定的收入来源。可以说,赵先生夫妇的养老计划不完善。

(4)未将子女教育资金的储备纳入考虑计划。赵先生的孩子计划大学毕业后出国留学,按照 30 万元/年的费用计算,2 年的出国留学费用约 60 万元,对于该家庭也将是一笔较大的支出,可能造成未来的现金流不稳定。

(5)未充分利用财务杠杆。赵先生的资产负债表显示,家庭负债为零,没有充分利用财务杠杆实现收益最大化。

二、理财目标设定和财务需求分析

将理财目标分为短期与中长期两部分来考虑。赵先生家庭的短期目标是购买一辆价值 25 万元左右的中级轿车,并在北京购置房子作为晚年定居居所,要求 3 室 2 厅,120—150 平方米,地段中等偏上。中长期目标则为儿子目前的教育费用以及出国留学的费用,以及为赵先生退休后的夫妇养老进行准备。

在考虑短期目标实施的同时,应该同时兼顾到中长期目标,综合考虑两者的可行性并对其作出适当的财务安排。

表7.15 财务目标及需求分析表

目标类别	理财目标	财务实现方式
短期目标	购买 1 辆汽车,考虑到几年内即将搬家,暂定购买 25 万元左右的。	赵先生家庭资产流动性充裕,可以全款购买汽车。

续表

目标类别	理财目标	财务实现方式
短期目标	1年内在北京中等偏上地段（四环到五环间）购买1套三房两厅的居室，预算200万—250万元。	赵先生家庭年结余688 600万元，购置1套住房需要积攒4年时间。由于赵先生即将退休，李女士为全职太太，一次性付款压力较大。所以我们建议：赵先生可以卖掉现有3套住房中的1—2套，获得150万—200万元购房款。
长期目标	为孩子积攒教育费用，包括最近3年每年约2万元的学杂费和生活费以及研究生阶段国外留学每年约30万元的消费，总共60万元。	可以采用稳健增值的投资方法。由于赵先生的孩子已成年，未来学费消耗也较大，所以采用教育保险和教育储蓄的方法并不适用。我们建议采用稳健的定存和国债并用的方法。
长期目标	养老费用：假设退休后生活30年，考虑到物价变动因素，以平均每月2万元的养老费用计算，需要720万元。	加大保险投资，为疾病等重大支出项进行准备。一般而言，保险费用应当占家庭年收入的5%—10%，保额在年收入的5倍左右。鉴于赵先生的家庭情况，应当扩大该比例，采用高保费支出。此外，在进行具有相对稳定收益的定存和国债等投资方式的同时，进行一定比例的中级风险的投资，加强资产收益能力。

三、家庭理财规划建议

1. 理财规划方案设计

赵先生家庭可以通过改变现存的资产配置状况，以期实现资产收益最大化。目前来看，赵先生家无风险投资占总投资的63%，比例过高，建议适当调高风险资产的比例。基于赵先生一家的风险偏好情况，可在进行调整后重点持有低风险资产，按图7.3所示分配投资资产。

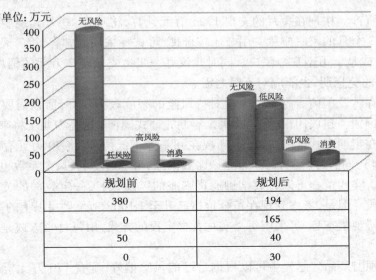

图7.3 规划前后资产配置对比

具体投资组合规划安排如下(参见表7.16)。

表7.16 金融资产投资规划

	投资项目	投资金额(万元)	年收益率	付息周期	流动性
无风险	7天通知存款	4	1.35%	活期	强
	定期存款	20	3.33%	3年(自动续存)	弱
	凭证式国债	60	约4%	3年	弱
	人民币保本理财产品	70	约2.4%	1个月	较强
	信托类投资理财产品	40	约3.8%	536天	中
小计		194			
低风险	记账式国债	30	4%	3年(交易时间任意)	强
	新股申购银行理财产品	45	最高6%	1年	中
	挂钩型理财产品	15	约1.9%	3个月	较强
	配置型基金	30	约17.24%	1个月	较强
	债券型基金	45	约7.6%	1个月	较强
小计		165			
高风险	股票型基金	20	2%—40%		强
	股票	20	不定		
小计		40			
总计		399			

(1)现金资产。按现在每月的支出1.25万元计算,将现在10万元现金及活期存款中的4万元作为3个月的家庭应急备用金比较合理,可选择采用通知存款(7天通知存款年利率为1.35%),或是货币型基金账户。同时建议办一张透支额度2万元的信用卡,可以享受20—60天不等的免息期,也能应对不时之需。

(2)定期存款及国债。赵先生家庭对待风险的态度较为保守,所以需要配置一定数量的定期存款及国债。建议用60万元购买5年期凭证式国债,这是为儿子将来出国所准备的教育储备金。在定期存款这一块,考虑到现在利率处于低位,可将20万元存为3年期定期存款(自动续存);同时可再配备30万元记账式国债,可随时交易,风险系数也较低。

(3)黄金。实物黄金可以有效抵御通货膨胀的风险,购买一定数额的黄金可作为资产保值的一种手段。但是,考虑到现在黄金价格已升至1 100美元/盎司以上的高位,建议赵先生家庭现仍维持观望态势,可采用每月实物黄金定投的方式,用每月收入或是资产增值所得来进行购买。

(4)银行理财产品。赵先生可以根据自己的风险偏好,配置170万元资金购买相应的理财产品。具体投资计划建议是:无风险的保本理财产品为70万元(如中信银行债券型保本理财产品"月月赢6号"),信托投资型理财产品40万元(如工商银行推出的稳得利产品),打新股产品45万元(工行新股申购结构化优先份额产品),挂钩型理财产品15万元(如北京银行的本无忧型)。

(5) 基金组合投资。

① 30万元配置型基金。目前看来,中国股市指数偏低,隐藏着投资机会。在当前股指水平下,选择配置型基金较为稳定,适合中长期投资。

② 45万元债券型基金。此类基金风险低,收益稳定。考虑到目前的低利率水平,投资债券型基金能够灵活应对未来市场的变化。

③ 货币型基金有"准储蓄"之称,风险较小而且收益稳定,同时流动性也比其他基金高,因此适合保守型家庭投资。每月的净收入(包括房租收入)可投入货币基金账户中,能够实现短期增值。

④ 股票型基金投资风险相对较大,建议以长期定投的方式购买业绩较为稳定的知名基金公司的股票型基金,如:华夏红利基金、嘉实300指数型基金等。

配置型和债券型基金可采用定投方式作长期投资。可先将其75万元存于整存零取账户中,将此账户作为基金申购账户,相互绑定,既可提高投资效率,又能避免资金闲置。

(6) 股票。建议40万元投资于股票市场,其中20万元由李女士买卖操作。建议投资绩效较好的蓝筹股,如中国石油、深万科,或是可能存在股价低估的一些优质股票,如中国银行等。

(7) 保险。保险是理财的重要部分,其作用主要是规避未来不确定风险,同时部分也可作为养老基金储蓄。前5年每年保险花费约为15.5万元,后5年为14.5万元。可用年度结余资金以及货币基金收益来支付。保险品种选择参见表7.17。

表7.17 商业保险投资安排

保险种类	期限(年)	费用(元/年)	缴费时间(年)	保额(元)	备注
先生两全保险	30	117 000	10	1 000 000	分红返还型
先生重疾条款	30	28 290	10	300 000	消费型
妻子女性重大疾病险	终身	5 170	20	100 000	消费型
妻子意外险	25	2 570	10	50 000	消费型
儿子出国留学意外险	2	1 530	3	50 000	消费型
总费用		154 560		1 500 000	

2. 长期理财计划——退休安排

赵先生在退休前的这5年中,根据投资计划预计有130万元的资产价值升值收益。赵先生退休后,风险投资应适当减少。因此建议调整资产配置,将大部分资产转移到无风险投资项目中。

同时,为了使退休后的老年生活丰富多彩,提高生活质量,建议适当到国内外旅游度假,多参加老年俱乐部的活动,修生锻炼等,同时也要注意每年定期到医院体检。具体理财调整方案如表7.18所示(图7.4显示了经过规划后的资产状况)。

表7.18 调整后的方案

	投资项目	投资金额(万元)	年收益率	付息周期	流动性
无风险	现金及活期	2	0.17%	活期	强
	7天通知存款	6	1.35%	活期	强
	定期存款	50	3.33%	3年(自动续存)	弱
	凭证式国债	100	约4%	5年	弱
	人民币保本理财产品	120	约2.4%	1个月	较强
	信托类投资理财产品	45	约3.8%	1—2年	中
小计		321			
低风险	记账式国债	20	4%	3年(交易时间任意)	强
	新股申购银行理财产品	40	最高6%	1年	中
	配置型基金	50	约17.24%	1个月	较强
	债券型基金	70	约7.6%	1个月	较强
小计		180			
高风险	股票型基金	20	2%—40%		强
	股票	10	不定		
小计		30			
总计		531			

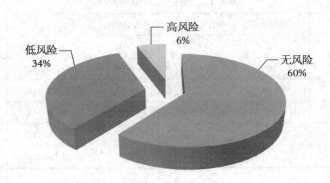

图7.4 规划后的资产状况

此外,赵先生夫妇可以购买基金、教育储蓄、免征税的分红型保险和其他人民币理财产品等进行合理避税。考虑到个人所得税问题,赵先生可以将现有收入的一部分通过公司为其购买相应的年金保险。为了规避开征遗产税带来的潜在负面影响,赵先生夫妇可将新购置房产登记在儿子名下。赵先生夫妇也可以为儿子购买一部分分红型保险或年金保险。

四、理财规划方案评估

1. 预期家庭现金流分析(见图 7.5)

事实上,整个理财方案建立在一系列假设的基础上:(1)金融资产配置比例主要根据赵先生家庭的风险偏好及家庭阶段而设定;(2)相关投资品种的收益率主要根据历史数据以较低的保守数据设定;(3)预期投资收益以目前低利率、低通胀环境为基础测算,并假设这种环境仍将维持;(4)通货膨胀对家庭收支影响不计,近似地认为收入增长与支出增长保持同步;(5)房产价格长期保持稳定水平。

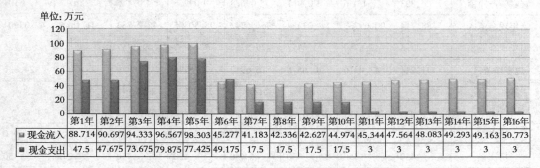

图 7.5 规划后的现金流量变化

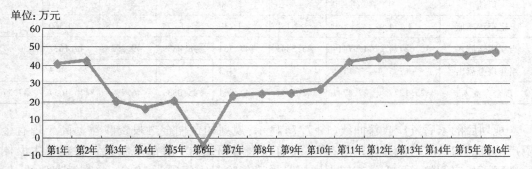

图 7.6 规划后的现金流入曲线

比照图 7.6,可以发现第 6 年出现了家庭财务缺口。这是因为赵先生由于 5 年之后的退休引起收入减少,又须承担房屋贷款的负担。通过金融理财规划,使得赵先生在退休后能够获得稳定的现金收入。在前期的买车买房阶段,由于使用了 100 万元的银行贷款进行投资,帮助缓解了短期资金压力;后期,随着金融财富的不断积累,赵先生及其妻子的养老问题得到了妥善的解决,稳定流入的现金流也保证了晚年生活的质量。

2. 投资收益分析

理财规划后赵先生家庭的资产负债及现金流收支状况如表 7.19 所示。

表 7.19　家庭资产负债及收支状况简表　　　　　　　　　　（单位：万元）

	2009年 第1年	2010年 第2年	2011年 第3年	2012年 第4年	2013年 第5年	2014年 第6年	2015年 第7年	2016年 第8年
金融资产	428	471	544	560	581	579	602	626
房产	350	450	450	450	450	450	450	450
汽车	25	23	21	19	50	47	44	41
负债	0	100	80.7	61.8	43.5	20.5	0	0
家庭资产净值	803	1 046	1 099.7	1 096.8	1 099.5	1 074.5	1 077	1 101
当年现金流入	88.714	90.69733	94.33334	96.56742	98.30305	45.27783	41.1835	42.33604
当年现金流出	−47.5	−47.6757	−73.6757	−79.8757	−77.4257	−49.1757	−17.5	−17.5
现金净流入	41.214	43.0216	20.6576	16.6917	20.8774	−3.8979	23.6835	24.836
	2017年 第9年	2018年 第10年	2019年 第11年	2020年 第12年	2021年 第13年	2022年 第14年	2023年 第15年	2024年 第16年
金融资产	649	674	713	755	799	843	885	930
房产	450	450	450	450	450	450	450	450
汽车	39	37	35	33	31	29	27	25
负债	0	0	0	0	0	0	0	0
家庭资产净值	1 124	1 149	1 188	1 230	1 274	1 318	1 360	1 405
当年现金流入	42.62774	44.97414	45.3441	47.564	48.0839	49.2938	49.1637	50.7736
当年现金流出	−17.5	−17.5	−3	−3	−3	−3	−3	−3
现金净流入	25.1277	27.4741	42.3441	44.564	45.0839	46.2938	46.1637	47.7736

规划后的家庭资产收益曲线（图 7.7）显示：规划的预期金融投资收益远高于现有金融资产的自然增长收益。具体来看：第 5 年有较大增幅是由于金融工具投资在赵先生退休之后进行了相应调整，第 11 年有较大增幅是由于保险投入年限为 10 年，此时缴费停止，但收益持续；家庭财富的增长主要由金融投资收益贡献；每年的金融投资收益呈现温和上升态势，帮助了规划中的各项家庭理财目标的实现；累积的金融资产（加上投资性房产等）基本能满足退休后的家庭养老需求，并可以在一定程度上保证晚年养老生活的稳定和质量。

3. 理财风险控制建议

（1）熟悉了解投资品种以及投资目标。投资存在风险，风险的大小取决于投资品种本身，即非系统性风险，以及系统性风险，如政策变动、自然灾害等。

对于非系统性风险，投资者应当对投资目标有清晰、明确的认识，尤其是收益回报情况以及风险评估，掌握投资品种的各种信息，形成对风险的心理准备和防御措施。

（2）严格执行既定资产配置方案。行情每时每刻都在发生变化，涨跌起伏的行情会使投资者存在侥幸和贪婪的心理，如果没有建立操作的纪律，擅自调整资产配置方案及投资比

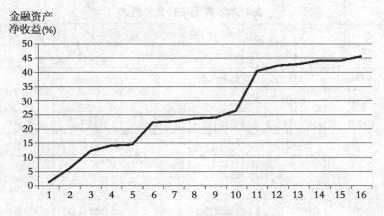

图 7.7 规划后预期每年投资收益

例,并不利于长期稳定收益的获得。账面盈亏或许只能随着行情变化而波动,起初的获利也有转变为亏损的可能,会导致操作心态紊乱,影响客观理性的分析思维,最终步步退败。所以,制定操作纪律并严格执行非常重要。

然而,制定操作纪律时,对每一项投资的亏损警戒水平进行控制是应当注意的。当超过警戒线时,应在同理财人员交流之后进行对资产配置的重新调整。

(3) 审视理财环境变化,适时动态调整理财方案。赵先生一家在依照上述理财规划进行投资的同时,能够就投资过程中出现的问题与专业人士进行积极的沟通,定期对其家庭资产进行盘点,并对各项投资的收益情况进行检查分析,调整那些持续未产生预期收益的投资,从而评估家庭资产的风险状况并决定是否需要进行策略调整。同时,赵先生也需要根据投资环境的变化及时对投资理财策略进行调整,避免系统性风险造成的损失。

第三节 老年退休家庭理财规划案例

一、家庭基本状况

1. 家庭基本信息

刘先生,男,61岁,刘太太,女,58岁,均退休在家。儿子,28岁,公司职员,准备2年后与女友结婚。

刘先生每月养老金2 000元,另有平均每月1 500—2 000元的稿费收入。妻子每月养老金1 500元。儿子每月工资收入6 000元。夫妇二人每月的生活费约为2 500元。夫妻二人未购买任何商业保险。

刘先生夫妇目前有现金约5 000元,活期存款约2万元,定期存款35万元,以及一套市价约170万元的房产。

2. 基本财务信息

截至2009年末,该家庭资产负债的基本情况如表7.20所示。

表7.20 家庭资产负债情况　　　　　　　　　　　　　　　　　　　　　　　（单位：元）

资产负债表（至2009年年末）							
资产项目	成本	市价	负债项目	金额	净值项目	成本	市价
现金	5 000	5 000	信用卡负债	0			
活期存款	20 000	20 000					
流动性资产	25 000	25 000	消费负债	0	流动净值	25 000	25 000
定期存款	350 000	399 437					
股票	0	0					
基金	0	0					
投资性资产	350 000	399 437	投资负债	0	投资净值	350 000	399 437
自用房屋	280 000	1 700 000					
自用型资产	280 000	1 700 000	自用性负债	0	自用性净值	280 000	1 700 000
总资产	655 000	2 141 437	总负债	0	总净值	655 000	2 141 437

根据了解，该家庭的每月收支情况如表7.21所示。

表7.21 家庭收支情况　　　　　　　　　　　　　　　　　　　　　　　　（单位：元）

每月收支状况					
收入项目	金额	支出项目	金额	结余	
刘先生养老金收入	2 000	生活开销	2 500		
刘太太养老金收入	1 500				
刘先生稿费收入	1 500				
理财收入	998	理财支出	0		
总收入	5 998	总支出	2 500	账面结余	3 498
				实际结余	2 500

注：① 由于活期存款的利率很低，故此处忽略不计。下同。
② 由于之前选择的均为定期存款，故理论上每月均能平摊到一笔账面利息收入。但实际上，这笔利息收入只能在2009年12月到期后一并提取，所以刘先生每月的实际结余＝总收入－理财收入－总支出＝2 600元。
③ 其中稿费收入不稳定，一般在1 500—2 000元之间浮动，取其保守值1 500元。

总的来看，该家庭2009年的现金流量情况如表7.22所示。

表 7.22　家庭现金流量　　　　　　　　　　　　　　　　　　　　（单位:元）

2009 年现金流量表				
收入	金额	支出	金额	结余
工作收入	60 000	生活支出	30 000	
理财收入	11 979	理财支出	0	
其他收入	0	保费支出	0	
总收入	71 979	总支出	30 000	41 979

其他信息：
（1）儿子预计 2 年后（2011 年）结婚，届时想帮儿子承担部分购房首付款。
（2）资助儿子置办婚宴。
（3）有一定的投保意向。
（4）愿意资助一些贫困大学生完成本科学业。
（5）希望有更多的外出旅游机会。
（6）希望自己的资产能够稳定地保值、增值。

二、经济环境和财务结构分析

1. 宏观经济环境分析

由于投资产品的收益除了其本身的经营运作外，很大程度上还受到市场状况、国家经济形势和政策的影响，因此，在从刘老先生的实际情况出发，选择合适的投资产品之前，应对当前及今后的市场状况进行一定的分析，作为判断投资产品表现的重要依据。

2008 年美国次贷危机引发了全球性经济危机的爆发，全球诸多金融机构倒闭，失业率上升，在这样的背景下，全球各国政府都采取了不同程度的救市政策。我国政府面对此次经济危机的冲击，果断地采取了 4 万亿投资计划以及十大产业振兴规划，同时在货币市场采取了适度宽松的货币政策，加大贷款投放规模，及时向市场注入了大量的流动性，对我国经济走出困境、企稳回升起到了决定性的作用。

根据对市场状况的分析以及中国国际金融公司的投资报告，我们对短期的经济环境作出了如下预期：

（1）经济增长模式将更加平衡。预计 GDP 从 2009 年的 8.4% 增至 2010 年的 8.8%；由政府投资为主要推动力转为私人消费和投资驱动。

（2）相对宽松的财政政策将继续拉动投资和消费。中央政府 4 万亿元投资中公共投资占 1.18 万亿元，2010 年仍有 5 885 亿元待拨，较 2009 年增加 21%。

（3）适度宽松的货币政策年底前不变，明年转向稳健，流动性依然充裕。贷款规模今年超过 9.5 万亿元，明年预计 7.5 万亿—8 万亿元的新增贷款规模已经能够保证对实体经济的支撑力度。此外，国际资本再流入以及出口好转导致外汇收入继续增加，也将为宽松的流动性作出贡献。

(4)预计明年将出现温性通胀。中金宏观组预计:2009 年 11 月中国 CPI 将转正;2010 年上升 3.5% 左右。

2. 家庭财务情况分析

(1)资产配置结构分析。刘先生家庭的资产配置结构如图 7.8 所示。

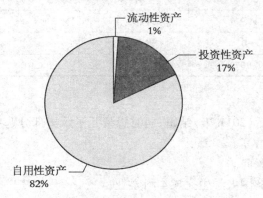

图 7.8 家庭资产配置结构

其中:

流动性资产(现金、活期存款等高变现力资产)=25 000 元现金及活期存款;

投资性资产(定期存款、债券、股票、理财产品等)=35 万元定期存款;

自用性资产(房产、汽车等)=一套市值约 170 万元的房子。

(2)财务状况分析。刘先生家庭的财务状况如表 7.23 所示。

表 7.23 财务状况表

指　标	定　义	结　果	合理范围
流动资产比率	流动资产/总资产	1.17%	2%—10%
资产负债率	总负债/总资产	0.00%	20%—50%
备用金倍数	流动资产/月支出	10.00	3—6
财务自由度	年理财收入/年支出	39.93%	20%—100%
平均投资报酬率	年理财收入/生息资产	3.42%	3%—10%
自由储蓄率	自由储蓄额/总资产	17.28%	10%—25%

其中:

自由储蓄额 = 350 000 + 20 000 = 370 000(元);

年理财收入 = 998.25 × 12 = 11 979(元)。

刘先生家庭的存款情况如表 7.24 所示。

表7.24 存款情况表

金融产品	年收益率	投资比率
活期存款	0.36%	5.41%
1年定期	2.25%	5.41%
3年定期	3.33%	35.13%
5年定期	3.60%	54.05%
总收益率	3.26%	

注:定期存款的构成为:20万元5年期、13万元3年期和2万元1年期,均于2009年12月到期。

刘先生目前有一套市值约170万元的住房。其他还有流动性资产25 000元,占总资产的1.17%,投资性资产35万元,占总资产的17%。

我们知道,类似活期存款的流动性资产收益率极低,只需要满足日常的交易性需求和预防性需求即可。从刘先生的备用金倍数来看,10.00偏高(一般只要3—6倍即可)。

投资性资产就是用来投资的那部分资产,收益率往往较高,它占总资产的比重越大,资本利得的增长机会也越大。刘先生的投资性资产的比例虽然占到17%,但资产形式都是定期存款,形式过于单一,而且收益率偏低。

在资产投资方面,刘先生的财务自由度为39.93%,处于比较理想的水平,但考虑到两年后要为儿子支付一笔数额不小的购房首付款,同时又由于理财收入都来源于定期存款,可以考虑用一部分资金作一些低风险的基金投资,保证今后老两口能够有充裕的资金度过晚年。

三、理财目标设定

1. 风险偏好分析

我们将通过几个测试来衡量刘先生的风险承受能力和风险承受态度,并以此作为制定具体理财目标的参考依据。

(1) 风险承受能力指标(RCI)。刘先生的风险承受能力指标测试如表7.25所示。

表7.25 风险承受能力指标表

分数	10分	8分	6分	4分	2分	得分
就业状况	机关工作者	工薪阶层	佣金收入者	自营事业者	失业	4
家庭负担	未婚	双薪无子女	双薪有子女	单薪有子女	单薪养三代	8
置产状况	投资不动产	自宅无房贷	房贷<50%	房贷>50%	无自用住宅	8
投资经验	10年以上	6—10年	2—5年	1年以内	无	2
投资知识	专职人员	专业出身	自学成才	懂一些	一片空白	4
年龄:总分50分,25岁以下者50分,每多1岁少1分,75岁以上者0分						14
总得分						40

注:① 虽然刘先生和太太均已退休,但考虑到二老均有稳定的养老金收入,且每月还有约1 500元的稿费收入,故将刘先生算作"自营事业者"。
② 虽然刘先生和太太有一个28岁的儿子,但考虑到二老均有稳定的收入,且刘先生的儿子亦有独立的工资收入,在实际上已不对二老造成经济负担,故将刘先生算作"双薪无子女"。

该指标测试显示：刘先生的得分为 40 分，属于中等风险承受能力。

(2) 风险承受态度指标(RAI)。刘先生的风险承受态度指标测试如表 7.26 所示。

表 7.26 风险承受态度指标表

分数	10 分	8 分	6 分	4 分	2 分	得分
首要考虑因素	赚短现差价	长期利得	年现金收益	抗通胀保值	保本保息	8
过去投资绩效	只赚不赔	赚多赔少	损益两平	赚少赔多	只赔不赚	10
赔钱心理状态	学习经验	照常过日子	影响情绪小	影响情绪大	难以成眠	4
目前主要投资	期货	股票	房地产	债券	存款	2
未来避险工具	无	期货	股票	房地产	债券	2
对本金损失的容忍程度：总分 50 分，不能容忍任何损失 0 分，每增加一个百分点加 2 分，可容忍 25% 以上损失为满分 50 分						10
总得分			36			

该指标测试显示：刘先生的得分为 36 分，属于中低风险承受态度。

(3) 风险矩阵(RM)。相应的风险矩阵如表 7.27 所示。

表 7.27 风险矩阵表

风险矩阵	风险能力	低能力	中低能力	中能力	中高能力	高能力
风险态度	工具	0—19 分	20—39 分	40—59 分	60—79 分	80—100 分
低态度 0—19 分	货币	70%	50%	40%	20%	0%
	债券	20%	40%	40%	50%	50%
	股票	10%	10%	20%	30%	50%
	预期报酬率	4.13%	4.37%	5.75%	7.26%	10.04%
	标准差	5.72%	6.49%	11.45%	16.79%	26.70%
中低态度 20—39 分	货币	50%	40%	20%	0%	0%
	债券	40%	40%	50%	50%	40%
	股票	10%	20%	30%	50%	60%
	预期报酬率	4.37%	5.75%	7.26%	10.04%	11.30%
	标准差	6.49%	11.45%	16.79%	26.70%	31.27%
中态度 40—59 分	货币	40%	20%	0%	0%	0%
	债券	40%	50%	50%	40%	30%
	股票	20%	30%	50%	60%	70%
	预期报酬率	5.75%	7.26%	10.04%	11.30%	12.57%
	标准差	11.45%	16.79%	26.70%	31.27%	35.85%

第七章 金融理财规划案例 145

续表

风险矩阵	风险能力	低能力	中低能力	中能力	中高能力	高能力
中高态度	货币	20%	0%	0%	0%	0%
60—79 分	债券	30%	50%	40%	30%	20%
	股票	50%	50%	60%	70%	80%
	预期报酬率	9.80%	10.04%	11.30%	12.57%	13.84%
	标准差	25.93%	26.70%	31.27%	35.85%	40.42%
高态度	货币	0%	0%	0%	0%	0%
80—100 分	债券	50%	40%	30%	20%	10%
	股票	50%	60%	70%	80%	90%
	预期报酬率	10.04%	11.30%	12.57%	13.84%	15.10%
	标准差	26.70%	31.27%	35.85%	40.42%	45.00%

以风险矩阵建议投资组合,刘先生的风险承受能力为 40 分,风险承受态度为 36 分,对照风险矩阵,可建议投资货币 20%、债券 50%、股票 30% 的投资组合,合理的长期平均投资报酬率为 7.26%,标准差估计为 16.79%。

总的来看,刘先生家庭的财务状况的优势是:收支状况良好,每年家庭结余充足;有一套市值 170 万元的房产;没有负债。其不足之处是:流动性资产稍多;投资的形式过于单一;没有购买合适的保险。

2. 理财目标分析

按照家庭生命周期来看,刘先生的家庭已步入衰老期,更准确地来说,是步入了退休空巢期。表 7.28 为不同家庭生命周期的理财重点。

表 7.28 不同家庭生命周期的理财重点

生命周期	形成期	成长期	成熟期	衰老期
夫妻年龄	25—35 岁	30—55 岁	50—60 岁	55—80 岁
保险安排	随家庭成员增加提高寿险保额	以子女教育年金储备高等教育学费	以养老险或递延年金储备退休金	投保长期看护险或将养老险转为即期年金
信托安排	购房置产信托	子女教育金信托	退休安养信托	遗产信托
核心资产配置	股票 70% 债券 10% 货币 20%	股票 60% 债券 30% 货币 10%	股票 50% 债券 40% 货币 10%	股票 20% 债券 60% 货币 20%
信贷运用	信用卡	房贷、车贷	还清贷款	无贷款

这一阶段的理财特征是以保守型投资为主导,逐渐降低高风险投资的比重,增加对固定收益理财工具的投资;不追求高收益,注重在保值的前提下实现资产稳定增值;注意资产的

流动性或保持足够的流动性资产。一般来说，应根据自己的实际情况，为自己的晚年储备足够的养老金，其余的资产有计划地用于提高生活质量、实现人生梦想。

通过上面的综合分析，我们将理财目标总结为以下几项：保险保障计划、基金投资计划（房产计划）、婚庆金筹备、慈善计划和养老计划。

短期目标：(1) 2010年初为自己和妻子购买总价共约5万元的保险并设立；(2) 2012年初为儿子支付部分购房首付款约35万元；(3) 2012年初为儿子支付部分婚庆费约3万元。

长期目标：(1) 2014年起每年向慈善基金捐款3 000元用于帮助贫困大学生完成学业；(2) 2014年起设立旅游基金，每年存入约5 000元；(3) 2014年起每年留出1 200元用于体检。

根据以上规划，我们设计理财方案时间轴，具体如图7.9所示。

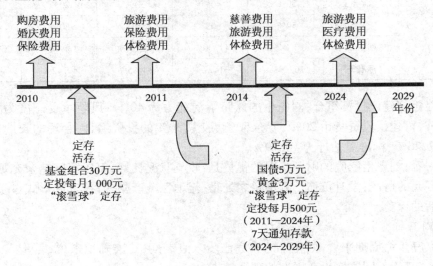

图 7.9　理财方案时间轴

四、理财规划方案设计

1. 基本假设

(1) 根据国家统计局1995—2007年CPI指数（城市）计算所得的平均值为3%，因此我们将通货膨胀率也设定为3%。

(2) 基金组合投资预期回报率为7%。

(3) 基金定期定额投资预期回报率为8%。

(4) 退休工资每年增长3%。

(5) 预计婚庆资助为27 000元。

(6) 黄金收益率为3%。

(7) 国债收益率为3%。

注：假设退休工资的增长和黄金的收益能够抵御通胀。

2. 短期理财规划

(1) 投资组合调整。

原有定期存款35万元(2009年12月到期)和现金及活期存款25 000元,为了实现理财目标,我们推荐以下投资组合(如表7.29所示)。

表7.29 投资组合情况 （单位:元）

投资项目	调整前	调整后	备 注
活期存款及现金	25 000	15 000	能够维持3—6个月基本生活开支的备用金
定期存款	399 437	69 837	减少持有定期存款的机会成本
开放式基金	0	300 000	采取基金投资组合
第1年应缴保费	0	9 600	提高保险保障能力
存款备用金	0	30 000	前3个月的"滚雪球"存款备用金,提高资金流动性

注：① 调整前的定期存款包括本金350 000元以及到期后的利息收入49 437元。
② 第1年应缴的保费从刘先生已有的资产中扣除,之后每年所缴的保费从每月的收入结余中累计扣除。

(2) 保险保障计划。

适当购买一些具有保险保障功能的保险类产品是每个人资产中至关重要的一部分。我们认为,每月应从结余中留出500元作为日常医疗费用。基于对未来风险的估计与测量,认为面临的健康风险和意外伤害风险较大。考虑到年龄偏大,若购买一般的健康险种可能需要支付较高的保费,所以兼顾社会保险金可提供的保障,推荐购买关爱型的健康医疗保险和人身意外险的综合险。

现行市场上针对中老年人群的健康与医疗的保险产品种类较少,保费均较高昂,且保险责任范围较狭窄。综合考量,我们选择了瑞福德—金福寿中老年综合保障计划。这是专为中老年人设计的以重疾和住院医疗为保险事故的保险。该产品特色描述如下：

① 一旦签发保单,保单有效期内均可无条件获得所有保障,不会因健康等原因终止(重大疾病为一次性给付)；

② 除意外医疗外均无须发票报销；

③ 70周岁以后每年领取老年护理金,85周岁一次性领取高龄护理金；

④ 无须体检,只需健康告知；

⑤ 专为中老年设计,由瑞福德健康保险股份有限公司提供健康管理服务；

⑥ 多种交费选择,缓解客户资金压力；

⑦ 一张具有储蓄功能的"医保卡"。

如上描述,该险种囊括重疾险和医疗险等保险责任,在70岁之后还可以领取年金性质的养老护理金,于是该险种兼有健康医疗与寿险的性质,保障范围较为广泛。再者保费收取比较合理,不会在短期给二老造成经济压力,因此该险种的设计可以满足两位的保险需求。由于二老在给儿子办完喜事之后,流动性资产有限,但是长期的现金流还是可观的,故为了保障两位的生活质量和医疗保障,我们为刘先生选择5年缴费期、B档缴费水平的险种。

(3) 基金投资计划——房屋首付。

① 选择基金的理由。考虑到刘先生是一个已经退休的老人,并且从未有过相关的投资经验,让其自行投资从年龄、经验上来说都是不合适的,因此最终选择基金作为投资对象。一方面,基金具有专业理财、分散风险的优势;另一方面,采用委托形式,投资不用亲自操作,在实现资产增值的同时更能享受安稳、轻松的晚年生活;

② 进行基金组合投资的理由。根据投资组合理论,开放式基金的购买采取组合的形式,可以降低投资风险、稳定收益。综合考虑风险承受能力、风险承受态度测试的结果以及该组合在整体规划中所处的角色,我们建议采取股票型基金、债券型基金和货币型基金的配置组合(如表7.30所示)。

表7.30 基金组合投资规划表

风险类别	中高风险资产	中低风险资产	低风险资产
配置比例	30%	50%	20%
推荐投资种类	混合型基金	债券型基金	货币型基金
产品举例	交银稳健	华夏债券—C	大摩货币
预期年收益	15%	5%	2%
配置金额	9万元	15万元	6万元
预期总收益	7.40%		

A. 混合型基金。该基金属于混合基金中的偏股型混合型基金。虽然该类基金具有一定的风险,但以适当的比例加入投资组合可提高组合的预期收益率。目前,大盘经过8个月的调整,大盘整体市盈率处于23倍的正常估值水平,加上对于明年宏观经济复苏、企业业绩逐渐转好的预期,所以可适当配置该类型的基金。

我们建议可以选择交银稳健配置混合。

推荐原因:作为商业银行控股的基金管理公司,同时借鉴外方股东施罗德投资管理有限公司的经验,交银施罗德基金公司能很好地做到将国外先进的投资理念与中国本土的投资情况相结合,以提高基金的投资收益。图7.10为交银施罗德稳健配置基金历史业绩。

B. 债券型基金。该类型基金主要投资于证券,并对证券进行投资组合,寻求较为稳定的收益。

我们建议可以选择华夏希望债券—C。

推荐原因:华夏基金是中国著名的老牌基金公司,其专业的投资能力与丰富的投资经验毋庸置疑。该款基金的基金经理韩会永是华夏基金旗下4款债券型基金的基金经理,在固定投资收益类基金投资方面可谓经验丰富。

从图7.11中的数据可以看到,华夏希望债券—C自成立以来,收益率高于中国债券指数与其他债券型基金,值得信赖。

C. 货币型基金:该类型基金只投资于货币市场,具有风险低、安全性高、流动性好、投资成本低等特点。

第七章　金融理财规划案例　　149

图 7.10　交银施罗德稳健配置基金历史业绩

图 7.11　华夏希望债券—C 历史业绩

我们建议可以选择大摩货币基金。

推荐原因：作为一家新兴的中外合资公司，摩根士丹利华鑫基金公司能很好地借鉴摩根士丹利全球领先的专业资产管理经验，结合深圳华鑫证券对中国市场的了解和经验资源的优势，为投资者带来最大的收益。

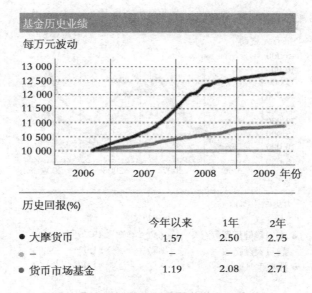

图 7.12　大摩货币基金历史业绩

从图 7.12 数据可以看到,大摩货币基金自成立以来,收益率均高于货币市场基金的收益率。

根据计算可知,用 30 万元投资以上基金组合,2 年后的期末市值预计将达到 346 824 元。

考虑到刘先生儿子将在 2 年后结婚买房,刘先生在 2 年后可以为他提供约 35 万元作为部分首付款,届时基金组合(3 只推荐基金的市场调研数据更新至 2009 年 11 月 5 日)投资账户将共计 346 824 元,可通过调用 3 176 元的现金及活期存款,以覆盖这个数额。

(1)交银稳健配置混合。该基金的收益及风险评估如表 7.31 和表 7.32 所示。

表 7.31　交银稳健配置混合收益评估

基金历史业绩(%)									2009-11-05
	今年以来	2008	2007	2006	2005	2004	2003	2002	
总回报	78.24	-43.41	106.33	—	—	—	—	—	
+/-基准指数	3.47	22.93	-31.06	—	—	—	—	—	
+/-基金类别	12.76	8.83	-22.76	—	—	—	—	—	
历史回报(%)									2009-11-05
			总回报	+/-基准指数		+/-基金类别		同类排名	
1月回报			11.99	0.11		-1.06		—	
3月回报			-8.30	1.61		-4.34		—	
6月回报			28.70	5.71		5.56		—	

续表

历史回报(%)				2009-11-05
今年以来回报	78.24	3.47	12.76	220 中第 47 名
1 年回报	91.64	12.36	10.94	214 中第 58 名
2 年回报(年度化)	-0.47	24.42	10.51	176 中第 11 名
3 年回报(年度化)	42.31	17.00	8.91	112 中第 11 名
5 年回报(年度化)	-	-	-	-
历史季度回报(%)				2009-11-05
	1 季度	2 季度	3 季度	4 季度
2009	20.96	39.81	-5.89	
2008	-19.25	-7.19	-13.75	-12.45
2007	11.98	38.71	40.35	-5.35
2006	-	-	5.85	46.59

表 7.32　交银稳健配置混合风险评估

风险评估						2009-10-31
	2 年	2 年评价	3 年	3 年评价	5 年	5 年评价
平均回报(%)	-5.79		40.49		-	-
标准差(%)	37.90	中	38.83	中	-	-
晨星风险系数	0.90	低	0.95	偏低	-	-
夏普比率	-	-	1.00	高	-	-

（2）华夏希望债券—C。该基金的收益及风险评估如表 7.33 和表 7.34 所示。

表 7.33　华夏希望债券—C 收益评估

基金历史业绩(%)								2009-11-05
	今年以来	2008	2007	2006	2005	2004	2003	2002
总回报	7.20	-	-	-	-	-	-	-
+/-基准指数	9.18							
+/-基金类别	4.18							
历史回报(%)								2009-11-05
		总回报	+/-基准指数	+/-基金类别		同类排名		
1 月回报		2.17	2.39	0.33		-		
3 月回报		-3.09	-3.33	-1.91		-		
6 月回报		4.77	5.34	2.17		-		

历史回报(%)				2009-11-05
今年以来回报	7.20	9.18	4.18	81 中第 12 名
1 年回报	10.80	9.82	4.21	71 中第 11 名
2 年回报(年度化)	—	—	—	—
3 年回报(年度化)	—	—	—	—
5 年回报(年度化)	—	—	—	—

历史季度回报(%)				2009-11-05
	1 季度	2 季度	3 季度	4 季度
2009	1.02	5.77	-1.81	—
2008	—	0.70	2.68	7.26
2007	—	—	—	—
2006	—	—	—	—

表7.34 华夏希望债券—C 风险评估

风险评估						2009-10-31
	2 年	2 年评价	3 年	3 年评价	5 年	5 年评价
平均回报(%)	2.73	—	3.01	—	—	—
标准差(%)	0.41	中	0.53	高	—	—
晨星风险系数	1.14	高	1.09	中	—	—
夏普比率	—	—	-0.31	—	—	—

同类风险排名图(最近 2 年)

基金
▼

| 低 | 偏低 | 中 | 高 |

▲
基金组别

(3) 大摩货币基金。该基金的收益评估如表7.35 所示。

表7.35 大摩货币基金收益评估

基金历史业绩(%)								2009-11-05
	今年以来	2008	2007	2006	2005	2004	2003	2002
总回报	1.59	3.01	4.13	—	—	—	—	—
+/-基准指数	—	—	—	—	—	—	—	—

续表

基金历史业绩(%)						2009-11-05
+/-基金类别	0.37	-0.52	0.81	-	-	-
历史回报(%)						2009-11-05
	总回报	+/-基准指数	+/-基金类别			同类排名
1月回报	0.11	-	-0.01			-
3月回报	0.32	-	-0.01			-
6月回报	0.92	-	0.20			-
今年以来回报	1.59	-	0.37			51中第4名
1年回报	2.41	-	0.38			51中第12名
2年回报(年度化)	2.69	-	0.01			51中第23名
3年回报(年度化)	3.01	-	0.22			48中第14名
5年回报(年度化)	-	-	-			-
历史季度回报(%)						2009-11-05
	1季度		2季度	3季度	4季度	
2009	0.58		0.45	0.44	-	
2008	0.66		0.62	0.56	1.14	
2007	0.57		0.68	1.36	1.47	
2006	-		-	-	0.50	

（4）基金定投——婚庆金筹备。

① 选择基金定投的理由。基金定投与普通的基金申购有所不同。首先，基金定投所需的金额远小于普通申购；其次，基金定投有许多普通申购所不具备的优势。因为定投是一种长期投资，虽然市场波动很大，但从长期来看，由于定投资金是分批进入的，因此成本有高有低，达到了很好的平均投资、分散风险的效果。并且在确定了定投之后，一般不用考虑投资的时点问题，到期扣款、手续简便，非常适合追求安稳、省时省力的老年人。因此，我们建议刘先生每月从结余中拿出1 000元进行基金定投，以此来筹集儿子的部分婚庆费用。

② 基金定投市场调研。我们团队以基金定投对象交银稳健混合配置型为例进行过一次研究。如果从2006年7月21日起每月投资2 000元购买这只基金，分红方式选为红利再投资，明细如表7.36所示。

表 7.36 基金定投明细

本金(元)	定投日期	价格(元)	购得份额(份)	费用(元)
2 000	2006-7-21	1.0149	1 941.51	29.56
2 000	2006-8-21	1.0034	1 963.76	29.56
2 000	2006-9-21	1.0614	1 856.45	29.56
2 000	2006-10-23	1.0832	1 819.09	29.56
2 000	2006-11-21	1.2291	1 603.16	29.56
2 000	2006-12-21	1.4558	1 353.51	29.56
2 000	2007-1-21	1.8	1 094.69	29.56
2 000	2007-2-26	1.7429	1 130.55	29.56
2 000	2007-3-21	1.6961	1 161.75	29.56
2 000	2007-4-20	1.9578	1 006.46	29.56
2 000	2007-5-21	2.2724	867.12	29.56
2 000	2007-6-21	2.5734	765.7	29.56
2 000	2007-7-20	2.485	792.93	29.56
2 000	2007-8-21	2.9219	674.37	29.56
2 000	2007-9-21	3.2402	608.12	29.56
2 000	2007-10-22	3.2371	608.71	29.56
2 000	2007-11-21	3.011	654.41	29.56
2 000	2007-12-21	3.0402	648.13	29.56
2 000	2008-1-21	3.0754	640.71	29.56
2 000	2008-2-21	3.0164	653.24	29.56
2 000	2008-3-21	2.5663	767.81	29.56
2 000	2008-4-21	1.6382	1 202.81	29.56
2 000	2008-5-21	1.8349	1 073.87	29.56
2 000	2008-6-23	1.5544	1 267.63	29.56
2 000	2008-7-21	1.6176	1 218.13	29.56
2 000	2008-8-21	1.454	1 355.19	29.56
2 000	2008-9-22	1.3623	1 446.41	29.56
2 000	2008-10-21	1.2038	1 636.85	29.56
2 000	2008-11-21	1.2318	1 599.64	29.56
2 000	2008-12-21	1.2977	1518.41	29.56

续表

本金(元)	定投日期	价格(元)	购得份额(份)	费用(元)
2 000	2009-1-21	1.2786	1 541.09	29.56
2 000	2009-2-23	1.4848	1 327.07	29.56
2 000	2009-3-23	1.4614	1 348.32	29.56
2 000	2009-4-21	1.5831	1 244.67	29.56
2 000	2009-5-21	1.7549	1 122.82	29.56
2 000	2009-6-22	1.9505	1010.22	29.56
2 000	2009-7-21	2.2765	856.56	29.56
2 000	2009-8-21	2.0493	961.52	29.56
扣款次数:38 次		累计投入金额:76 000 元		平均成本:1.37 元

赎回汇总

当前市值(元)	赎回日期	赎回价格(元)	赎回份额(份)	赎回费用(元)
113 619.28	2009-8-21	2.0493	55 442.97	568.1

收益汇总

赎回所得(元)	累计红利	累计转投(份)	定投总收益(元)	定投总收益率
113 051.18	0	11 099.58	37 051.18	48.75%

如表 7.36 所示，截至 2009 年 8 月 21 日的 3 年零 2 个月来，扣款次数共计 38 次，总成本为 76 000 元，如果采取全部赎回，总收益为 37 051.18 元，累计总收益率为 48.75%，折算成年平均收益率(已考虑复利效应)为 13%。

所以，如果采取基金定投的方式，那么我们有理由相信该投资方式的年预期投资回报率能够达到 8% 左右的水平(保守估计)。我们建议刘先生每个月从 2 000 元的结余中拿出 1 000 元用于基金定投，其余 1 000 元用于现金或活期存款。根据预计，2 年后，刘先生基金定投的总额为 24 000 元，期末市值为 27 994 元。我们建议刘先生将这笔钱用来资助儿子的婚庆事宜。

（5）兼顾资产增值与流动性——"滚雪球"式定存。

虽然两位老人的收入颇为丰厚，但是我们考虑到两位老人每月可能的应酬，从定期存款中取出 30 000 元，分别于 2010 年 1—3 月以 3 个月活期存款的形式存入银行，其效果便是从 2010 年 4 月起每月初便有一期活期存款到期。因此便可满足二老的流动性需求，同时又可以获取比活期存款更高的利息收入。

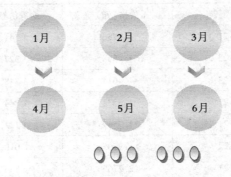

图 7.13　3 个月定存方式示意图

表 7.37　购房后资产结构　　　　　　　　　　　　　　　（单位：元）

配置项目	成本金额	2 年末总金额	余　额
基金组合投资	300 000	346 824	0
基金定投	1 000/月	27 994	0
定期存款	69 837	73 734	73 734
活期存款与现金	15 000	51 000	47 824
3 个月定期存款	30 000	30 709	30 709
总　计	438 837	508 661	152 267

注：现金与活期存款中有 12 000 元是我们为刘先生建立的医疗基金，不属于可投资资金。

3. 长期理财规划

"关爱一生"理财工作室为刘先生量身打造的这份理财规划始终贯穿"关爱"这一理念，而这一点在我们的长期理财计划中尤显突出。在为儿子支付完购房首付款之后，对于刘先生来说，身体健康、心理满足与资产保值是最值得关心的三个方面。根据刘先生的个人愿望与财富积累值，我们制定了如下具体的安排规划。

（1）身体健康计划。

① 体检计划。人到了 50 岁以后身体各项机能都呈现衰退之势，所以老年人每年定期做一次健康体检很有必要。根据刘先生的情况，我们选择了距他家最近的普陀中心医院作为他每年体检的医院。普陀中心医院针对不同人群有 5 类体检套餐。依据上述分析，我们为刘先生选择了 B 类体检套餐，这个套餐很好地涵盖了老年人的体检项目，价格在同类医院中也比较合理。刘先生夫妇共需要花费 1 036 元/年。

② 保险保障计划。由于我们在短期计划里为二老选择了瑞福德—金福寿中老年综合保障计划的 5 年缴费期和 B 档缴费水平，于是二老在接下来的 3 年里仍需要在每年年初缴纳 9 600 元的保费，以覆盖各种医疗费用支出。另外，二老每月仍然需要从结余中留出 500 元作为日常的医疗费用。

(2) 慈善和旅行计划。

① 慈善计划。进入20世纪90年代中期以后,随着社会主义市场经济体制的逐步确立,特别是实行高等教育成本分担制度改革以后,高等教育部分费用由个人、家庭负担,于是高校贫困生问题日益突出。随着教育体制改革和高校教育产业化,学费越收越多,生活费越来越高,公寓费也日益见长。一般来说,培养一个大学生的年平均费用为1万元甚至更多。一般家庭尚难支付,贫困家庭则更难承担,从而导致高校贫困生人数不断增多。北京青少年发展基金会针对北京8所大学的一份调查报告显示,高校贫困生占在校学生总数的15%以上;在被调查的贫困学生中,有70%以上来自农村,其中又有57.6%的学生来自"经济落后地区"。

鉴于刘先生家庭关注中国教育事业的热心以及热衷于慈善事业的善心,考虑到二老已经退休,我们建议从每年结余中拿出3 000元资助贫困大学生,直至结束写作生涯。

② 旅游计划。为了满足外出旅游的愿望,我们建议自己设立一个"旅游基金",从2014年起每年以活期存款形式存入5 000元。当有旅游计划时,可直接从该基金中提取所需的款项。

(3) 资产保值计划。

由于刘先生在为儿子支付部分购房首付款后已没有重大的财务目标及财务负担,且考虑到老年人普遍具有的风险规避心理,我们建议采取安全、稳定的投资策略。这里值得注意的是,刘先生估计自己的稿费收入在75岁前后会明显减少。为了保证生活质量,我们在此时间点前后运用了不同投资产品组合。具体投资方案如下。

① 基金定投。每月500元投资至稿费结束为止。综合考虑消费支出与收入情况,我们建议刘先生在替儿子支付完部分首付后,从每月的结余中继续拿出500元进行基金定投,直至稿费收入明显减少为止,这样便可为刘先生停止写作、月收入减少后依然保持原有的生活质量积累资金。

② 黄金投资。伴随着不稳定因素的增多,楼市股市风险加大,分歧显现,加上各国信贷大规模投放所导致的对于未来通货膨胀的预期,黄金似乎仍然被很多人看成是投资的宝地,能起到很好的保值效用。从投资收益角度来看,黄金可能并不是最佳投资品种,但却是最稳定的投资品种,这反映在其风险收益比的波动率最小。另外,黄金作为硬通货,在应对灾害等不可预测因素的时候有着无可比拟的优势。因此,在长期计划中,为了刘先生资产的保值,我们建议将部分资产用于实物黄金的投资。

从投资方式来看,投资黄金主要包括实物黄金投资、纸黄金投资和黄金期货投资三种方式。

表7.38 黄金投资比较

项 目	优 点	缺 点
实物黄金	以保值为主要目的	占用的资金量大,变现慢,变现手续繁杂,手续费较高
纸黄金	资金门槛比较低,操作也比较简单,交易方式多样,且交易成本远较实物黄金为低	保值功能不强

刘先生可以持有现有实物黄金,作为个人理财中的一个抵御通货膨胀的配置。黄金的总数量是有限的,需求却不断上升,长期来看,价格应适当上涨。而持有黄金不能带来利息收入,可以理解为黄金价值增长率相当于通胀率。

③ 国债投资。在理财产品日趋多元和市场波动的现实条件下,越是投资高风险的理财产品,越需要持有更为安全的投资产品以防范风险。理财不是冒险,而是追求资产的稳步增长,尤其对于理财求"稳"的保守型投资者和退休后的老年人来说更是如此。因此投资国债是一种不错的选择。所以,我们建议刘先生在完成短期计划后的资产配置中拿出5万元投资于记账式国债。

根据2006—2008年3年期记账式国债的利率(如表7.39所示)计算所得的平均值为2.9%,付息方式为按年支付,因此我们将3年期记账式国债的利率设定为2.9%,付息方式为按年支付。

表7.39 国债投资比较

债券全称	期限(年)	票面利率	付息方式
2006年记账式(4期)国债	3	2.12%	按年支付
2006年记账式(10期)国债	3	2.34%	按年支付
2006年记账式(17期)国债	3	2.29%	按年支付
2007年记账式(4期)国债	3	2.77%	按年支付
2007年记账式(11期)国债	3	3.53%	按年支付
2008年记账式(4期)国债	3	3.56%	按年支付
2008年记账式(11期)国债	3	3.92%	按年支付
2008年记账式(19期)国债	3	2.64%	按年支付

④ 7天通知存款。通知存款是一种不约定存期,支取时需提前通知银行,约定支取日期和金额方能支取的存款。7天通知存款具有以下特色:第一,收益高,资金支取灵活。客户不仅可获得高于活期存款的利率,并且可以随时支取存款。第二,专有积利存款计划,客户可约定在通知存款存期结束后将本金和利息自动转存为定存。

根据中国人民银行公布的《金融机构人民币存款基准利率调整表》,7天通知存款的开户金额为人民币50 000元起,利率为1.35%。

第七章　金融理财规划案例　159

综上所述,我们认为,7 天通知存款的流动性相对较好,手续比较简便,收益率也高于活期存款。考虑到刘先生 75 岁之后稿费收入逐渐减少,为了应付两位老人遇到意外风险带来的经济损失,我们建议届时结束每月的基金定投计划,从投资所积累的资金中拿出 10 万元以 7 天通知存款的形式存入银行账户,剩余部分以活期存款形式持有。长期理财规划的具体投资分配如表 7.40 所示。

表 7.40　长期规划具体投资分配

(单位:元)

配置项目	时间节点	初始投资额	收益率	备注
现金及活期存款	2012 年起	50 267 元	0	保障二老的流动性
医疗基金	2010 年起	500 元/月	0.36%	抵御意外的大额医疗支出
旅游基金	2014 年起	5 000 元/年	0.36%	方便旅游费用支取
基金定投	2012—2024 年	500 元/月	8%	累积资金,保障保费结束后生活质量
7 天通知存款	2024 年	100 000 元	1.35%	保障资产流动性
记账式国债	2012 年起	50 000 元	2.9%	资金保值增值
黄金	2012 年起	40 000 元	3%	资金保值

五、方案评估与调整

1. 理财规划方案评估

首先,在经历了全球性经济危机的冲击之后,中国经济已率先出现了企稳回升的迹象,再加上从中长期来看,中国经济本身就处于快速增长的腾飞阶段,因此各种投资产品在未来较长一段时间的收益率应该是比较可观的。而我们在假设中所采用的各投资产品的收益率更是相对保守的估计,故所预期的收益率应该是合理并且能够实现的。

其次,从项目的可行性来看,刘先生的理财目标和资产保值增值的愿望是完全可以实现的。根据刘先生的家庭情况,在确保生活质量不下降的条件下,我们为刘先生量身定制了可行的理财策略和规划,经过内部报酬率生涯仿真表的分析,得到内部收益率为 2.67%,根据市场上的投资产品的收益率,完全可以完成预期目标;通过 2 年的投资,帮儿子支付完 35 万元房产首付和婚庆费并添置保险后,财务负担大大减少。由于今后每年的记账式国债和定期存款将会带来稳定的收益,故二老资助贫困大学生的愿望亦可达成,同时还能有充足的资金用于每年的旅游度假,支付体检费用,尽情享受美好的晚年时光。

这里还需要指出,之所以不推荐刘先生购买股票,除了考虑到刘先生缺乏相关知识和经验以及直接炒股的风险不适合刘先生的风险承受能力和风险承受态度之外,我们对炒股对老人可能造成的生理和心理负担也给予了充分的考虑,故不推荐其涉足股市。

然后,从投资产品的操作上来看,方式简便,易于实现。在整个理财规划中,刘先生需要进行的理财操作有购买保险、申购开放式基金、基金定投、定期存款和购买国债。这些操作在现今是十分简便的。如 3 个月"滚雪球"定期存款,现在银行都推出了自动转存服务,在储蓄时,应与银行约定进行自动转存。又如经银行代销的基金定投产品具有手续简便、自动扣款的特点,在一次申请后,银行每月自动划账,不必考虑申购时点,极大地方便了投资者。即便是对于像刘先生这样的退休老人也很容易实现,不会占用其很多的时间和精力。

最后,从流动性来看,相对比较充裕。鉴于刘先生届时年事已高,我们为他选择了流动性较好的储蓄方式,如"滚雪球"定期存款和活期存款。这样可以保证刘先生运用手头的资金抵御不可测的健康和财产损失风险。

综上,我们的理财目标是切实可行的。

2. 理财规划方案评估

本理财规划的数据均来源于刘先生提供的资料、相关参考书目以及互联网。同时,我们根据历史经验、当前宏观经济局势对未来的预期收支和经济环境作出了适当假设和合理估计,例如我们将通货膨胀率、投资收益率等都维持在某一水平;而这些假设和估计在未来所发生的变化会影响各项理财规划的最终结果。

市场有风险,投资须谨慎。上述理财规划的内容仅供参考,对规划中所涉及的金融产品和规划方式,本理财报告不保证其收益。我们的职责是根据刘先生所提供的客观资料准确评估刘先生的财务需求,并在此基础上为刘先生提供高质量的财务建议和理财服务。

作为一份科学、完整的理财规划,应该随着家庭情况、宏观经济形势和理财环境的变化而进行动态调整。因此,我们建议每年都能定期对刘先生的理财目标和理财规划进行重新评估,特别是遇到重大突发事件时,需要根据情况的变化对本理财规划进行必要的调整。

参考文献

1. 〔美〕兹维·博迪、罗伯特·默顿、戴维·克利顿:《金融学》(第 2 版),曹辉等译,中国人民大学出版社 2010 年版。
2. 〔美〕兹维·博迪:《投资学精要》(第 4 版),陈雨露等译,中国人民大学出版社 2003 年版。
3. 〔美〕戴维·M·达斯特:《资产配置的艺术》,李康等译,上海人民出版社 2005 年版。
4. 〔美〕罗杰·C·吉布森(Roger C. Gibson):《资产分配:投资者如何平衡金融风险》(第 3 版),吴海峰译,机械工业出版社 2006 年版。
5. 〔挪威〕特维德:《金融心理学》,周为群译校,中国人民大学出版社 2003 年版。
6. 〔加〕约翰·赫尔:《期货期权入门》(第 3 版),张陶伟译,中国人民大学出版社 2001 年版。
7. 〔美〕埃德温·J·埃尔顿等:《现代投资组合理论和投资分析》(第 6 版),向东译,中国人民大学出版社 2006 年版。
8. 李国平:《行为金融学》,北京大学出版社 2006 年版。
9. 陈工孟、郑子云主编:《个人财务策划》,北京大学出版社 2003 年版。
10. 中国证券业协会编:《证券业从业资格考试统编教材》,中国财政经济出版社 2008 年版。
11. 北京金融培训中心、北京当代金融培训有限公司编:《金融理财综合规划案例》,中信出版社 2009 年版。
12. 杨朝军主编:《金融投资风格与策略》,中国金融出版社 2005 年版。
13. 何孝星:《证券投资理论与实务》,清华大学出版社 2004 年版。
14. 庄新田、金秀、高莹:《投资管理》,机械工业出版社 2007 年版。
15. 冯科:《投资管理》,中国发展出版社 2009 年版。
16. 王兆星等编:《金融市场学》,中国金融出版社 2006 年版。
17. 谢百三主编:《金融市场学》,北京大学出版社 2009 年版。
18. 王庆仁:《中国转轨时期证券市场投资者行为的经济解释》,中国金融出版社 2007 年版。
19. 王庆仁、高春涛:《资产配置理论——基于寿险投资的分析与应用》,上海财经大学出版社 2009 年版。
20. 王庆仁、高春涛:"Reits 风险收益特征及其资产配置作用",《证券市场导报》,2006 年 3 月。
21. 庞介民、王庆仁:"新兴加转轨条件下中国证券公司风险成因及监控",《经济研究》,2003 年第 12 期。
22. 王庆仁:"约束条件下理性与中国证券市场投资者行为",《金融研究》,2004 年第 9 期。

23. 王庆仁、高春涛:"中国指数基金研究",《深圳证券交易所第三届会员研究成果获奖研究报告》,中国金融出版社2001年版。
24. 王庆仁:"基金投资策略、绩效与市场有效",《财经科学》,2003年第6期。
25. 年四伍主编:《上海黄金交易所黄金交易员培训教材》(内部),2008年6月。
26. 年四伍:"国际黄金价格影响因素研究",西南财经大学博士学位论文,2008年6月。
27. 张合金、年四伍等:《公司金融》,西南财经大学出版社2007年版。
28. 徐龙炳、陆蓉:"有效市场理论的前沿研究",《财经研究》,2001年第8期。
29. 江世银:"存在风险条件下的资本市场投资预期收益模型研究",《中央财经大学学报》,2005年第6期。
30. 徐少君:"投资组合理论发展综述",《浙江社会科学》,2004年第4期。
31. 蔡征兵:"资产配置结构及其选择",《郑州航空工业管理学院学报》,2002年第4期。
32. 陈收、杨宽、吴启芳:"证券组合投资绩效评价综述",《系统工程》,2001年第6期。
33. 陈学华、杨辉耀:"RAROC方法及证券投资基金绩效评估",《华南金融研究》,2002年第12期。
34. 胡倩:"转型经济中的证券投资基金绩效研究",《复旦学报》(社会科学版),2006年第7期。
35. 姜学文:"低收入阶层个人理财风险及其防范探析",昆明理工大学硕士学位论文,2006年。
36. 汪光成:"基金的市场时机把握能力研究",《经济研究》,2002年第1期。
37. 蒋晓全:"证券投资基金资产配置及其绩效研究",华中科技大学博士学位论文,2006年。
38. 蒋晓全、丁秀英:"我国证券投资基金资产配置效率研究",《金融研究》,2007年第2期。
39. 汪辛:"家庭金融理财风险与防范研究",武汉理工大学硕士学位论文,2008年第4月。
40. 王守法:"我国证券投资基金绩效的研究与评价",《经济研究》,2005年第3期。
41. 周晓华:"证券投资基金市场时机选择能力研究",《数量经济技术经济研究》,2001年第4期。
42. 周治:"中国证券投资基金绩效评估研究",武汉大学硕士学位论文,2004年。
43. 吴小燕:"我国证券投资基金业绩评估方法的理论和实证研究",厦门大学硕士学位论文,2009年。
44. 李学峰:"股票市场均衡与投资者行为选择",《南开经济研究》,2005年第4期。
45. 华金秋:"中国居民理财研究",西南财经大学博士学位论文,2002年6月。
46. 郑木清:"机构投资者积极资产配置决策研究",复旦大学博士学位论文,2003年4月。
47. 戴涛:"我国个人金融理财产品选择与风险控制问题研究",中国石油大学硕士学位论文,2009年4月。
48. 王敬、王颖:"机构投资者资产配置方法研究",《价值工程》,2006年第2期。
49. 邓燊:"基于经济周期的资产配置研究",上海交通大学博士学位论文,2008年2月。
50. 汪辛:"家庭金融理财风险与防范研究",武汉理工大学硕士学位论文,2008年4月。
51. 李学峰、茅勇峰:"我国证券投资基金的资产配置能力研究",《证券市场导报》,2007年3月。